U0700835

SUDOKU U12

全国青少年数独比赛

真题及模拟题题集

12岁以下年龄组

北京市数独运动协会 编著

知识产权出版社
全国百佳图书出版单位

图书在版编目（CIP）数据

全国青少年数独比赛真题及模拟题题集：12岁以下年龄组 / 北京市数独运动协会编著. — 北京：知识产权出版社，2018.6
ISBN 978-7-5130-5596-3

Ⅰ. ①全… Ⅱ. ①北… Ⅲ. ①智力游戏–儿童读物 Ⅳ. ① G898.2

中国版本图书馆CIP数据核字（2018）第100241号

内容提要

"全国青少年数独比赛真题及模拟题题集"是紧扣全国青少年数独比赛题型出版的比赛用书，也是"全国青少年数独比赛指定用书"。《全国青少年数独比赛真题及模拟题题集：12岁以下年龄组》是该丛书的第三册。这个组别需要掌握六宫连续数独、六宫杀手数独、六宫不等号数独、七宫不规则数独、九宫标准数独、对角线数独、乘积数独的解法。本书中是专门针对这七种题型的练习题集，适合12岁以下年龄组参赛选手和同年龄段的普通爱好者使用。

责任编辑：李小娟　　　　　　　责任出版：孙婷婷

全国青少年数独比赛真题及模拟题题集：12岁以下年龄组
QUANGUO QINGSHAONIAN SHUDU BISAI ZHENTI JI MONITI TIJI：12 SUI YIXIA NIANLINGZU
北京市数独运动协会　编著

出版发行：	知识产权出版社有限责任公司	网　　址：	http://www.ipph.cn	
电　　话：	010-82004826		http://www.laichushu.com	
社　　址：	北京市海淀区气象路50号院	邮　　编：	100081	
责编电话：	010-82000860 转 8531	责编邮箱：	lixiaojuan@cnipr.com	
发行电话：	010-82000860 转 8101	发行传真：	010-82000893	
印　　刷：	北京中献拓方科技发展 有限公司	经　　销：	各大网上书店、 新华书店及相关专业书店	
开　　本：	880mm×1230mm　　1/32	印　　张：	5	
版　　次：	2018年6月第1版	印　　次：	2018年6月第1次印刷	
字　　数：	117千字	定　　价：	39.00元	

ISBN 978-7-5130-5596-3

出版权专有　侵权必究
如有印装质量问题，本社负责调换。

序 言

  数独，是一种以数字为表现形式的益智休闲游戏，起源于中国数千年前的《河图》《洛书》。而"数独"（Sudoku）一词源于日本，意思是"只出现一次的数字"。数独已经发展成为一种风靡全世界的益智游戏，拥有上千万的爱好者。

  北京市数独运动协会（以下简称"协会"）是数独运动在北京市的唯一合法协会组织，也是国内唯一注册成立的数独协会。2012年08月26日下午，国内首家致力于推广普及数独运动的民间社团组织——北京市数独运动协会成立。北京市数独运动协会由北京广播电视台、北京奥运城市发展基金会等单位发起，经北京市民政局批准成立，由北京市体育局主管。北京广播电视台、北京奥运城市发展基金会、北京市体育总会等单位已经连续两年成功举办北京国际数独大奖赛，得到了世界智力谜题联合会和国际数独选手的广泛赞誉。协会成立后，以"开发智力、陶冶情操、健全心智、促进人的全面发展"为宗旨，研究制定数独运动发展规划、竞赛规则，发展会员，推动普及数独运动，选拔和推荐国家队队员参加每年一度的世界锦标赛等。

  为满足不同层次爱好者的需求，协会精心编写了各类数独书籍，包括标准数独题集、变型数独题集、各类比赛教材、各类题型讲解和比赛真题等。"全国青少年数独比赛真题及模拟题题集"系列图书包括《全国青少年数独比赛真题及模拟题题集：8岁以下年龄组》《全国青少年数独比赛真题及模拟题题集：10岁以下年龄组》《全国青少年数独比赛真题及模拟题题集：12岁以下年龄组》《全国青少年数独比赛真题及模拟题题集：18岁以下年龄组》。这套图书不仅适合参加比赛的青少年选手使用，也可以作为数独爱好者练习使用。

数独天天做，趣味无穷多，今天你数独了吗？

目 录

第一章 全国青少年数独比赛规程　001

第二章 12 岁以下年龄组题型介绍　011

第三章 12 岁以下年龄组官方模拟题及答案　015

第四章 2017 年中小学数独比赛 12 岁以下年龄组真题及答案　117

第一章

全国青少年数独比赛规程

为认真贯彻《教育部 国家体育总局 共青团中央关于开展全国亿万学生阳光体育运动的决定》(教体艺〔2006〕6号)，北京市数独运动协会定于2018年8月举办"2018全国青少年数独比赛"决赛，参赛选手需经过各地区初赛选拔推荐，初赛时间为2018年5月。为办好本次赛事，现将赛事有关活动通知如下：

一、赛事宗旨

举办"2018全国青少年数独比赛"，能够加强数独在校园中的普及度，检验各地学生的普遍水平，培养他们分析问题、解决问题和挑战困难的能力，通过数独运动教学、教育、比赛，丰富学生课外体育活动的形式和内容，切实提高青少年体质健康水平，形成良好风气。同时启动"中国数独人才培养计划"，根据各地优秀选手的推荐甄选，完善国家数独队梯队建设。

二、全国青少年数独比赛规程

1. 组织单位

主办单位 北京奥运城市发展基金会，北京歌华传媒集团有限责任公司，北京北广新新传媒有限责任公司，北京市数独运动协会。

支持单位 上海四季教育集团。

承办单位 上海、大连、东莞、潍坊、宁波、苏州、许昌、衢州、大庆、哈尔滨、长春、杭州、扬州、无锡、南通、太原、赣州、昆明等18家北京市数独运动协会合作机构（即本届比赛城市赛区组委会）。

2. 比赛时间及地点

（1）个人赛初赛时间地点

时间：5月26日。

地点：各地组委会另行通知。

（2）决赛及团体赛

时间：8月10日。

地点：中信国安第一城。

3. 比赛报名及项目

（1）初赛个人赛

报名费：100元/人。

报名资格：小学、中学在校生，名额不限。

报名时间：4月30日—5月20日。

报名方式：北京赛区微信公众号二维码报名缴费，其他赛区各地组委会自行安排。

（2）决赛（个人赛及团体赛）

全国中小学数独比赛决赛与中国数独锦标赛、中国谜题锦标赛三项赛事将以"中国数独大会"形式连续举办三天，组委会统一地点食宿，选手根据实际参赛场次选择食宿天数，确定交费金额。具体金额另行通知。

报名资格：所有决赛选手需参加全国中小学数独比赛初赛，经所在赛区组委会统一报名。

4. 比赛组别

① U8组：2010年1月1日以后出生。

② U10组：2008年1月1日—2009年12月31日出生。

③ U12组：2006年1月1日—2007年12月31日出生。

④ U18 组：2000 年 1 月 1 日—2005 年 12 月 31 日出生。

个人赛严格按规定年龄分组。团体赛低组别选手可参加高组别比赛，高组别不能参加低组别比赛。

团体赛仅接受赛区报名，每队 4 人，每赛区可多支队伍参赛，按照 ABCD 队顺序报名，AB 两队中成绩最优秀的一队为该赛区团体最终成绩，其他队伍不计入颁奖排名。

5. 比赛办法

（1）个人赛初赛

①比赛时间：5 月 26 日（上午）。

09:00—09:30 签到；

09:30—10:00 第一轮；

10:15—10:45 第二轮。

②比赛规则：比赛共两轮，每轮 30 分钟，满分 100 分。提前交卷不加分。

各赛区组委会全部试卷统一封存并在比赛结束之后第一时间快递到北京，北京市数独运动协会组织专业裁判阅卷记录分数。

晋级人数按照四个组别报名人数比例及初赛成绩由高到低晋级，最低晋级总分 120 分（含），晋级选手可以参加 8 月 10 日的决赛。若晋级人数超过组委会接待极限，将按照四个组别报名人数比例及初赛成绩等额减少晋级名额；若晋级人数低于预期，则以 20 分为一档降低晋级分数，选手顺序补位晋级。实力较弱的赛区，经组委会批准，各组别可选派 8 人晋级参加决赛。初赛比赛结束 7 个工作日对外发布晋级通知。

（2）决赛

①比赛时间：8 月 10 日（全天）。

08:30—08:50 选手入场；

09:00—09:20 个人赛第一轮，限时 20 分钟；

09:40—10:10 个人赛第二轮，限时 30 分钟；

10:30—11:00 个人赛第三轮，限时 30 分钟；

11:20—11:50 个人赛第四轮，限时 30 分钟；

11:50—14:20 午餐、休息；

14:30—14:45 团体赛第一轮 限时 15 分钟；

15:05—15:25 团体赛第二轮 限时 20 分钟；

15:45—15:55 团体赛第三轮 限时 10 分钟（数独棋待定）。

②比赛规则：决赛分个人赛和团体赛，其中个人赛四轮，团体赛三轮。个人赛每轮比赛在规定时间内完成全部题目且答案正确的，可以提前交卷，每提前 1 分钟加 3 分；团体赛每轮比赛在规定时间内完成全部题目且答案正确的，可以提前交卷，每提前 1 分钟加 10 分。

团体赛比赛规则待完善。计划新增数独 PVP 比赛。

（3）团体赛

①比赛时间：8 月 10 日（下午）。

小学甲组、中学组：

14:00—14:25 团体赛第一轮；

14:35—14:45 团体赛第二轮。

新人组、小学乙组：

15:10—15:35 团体赛第一轮；

15:45—15:55 团体赛第二轮。

②比赛规则：团体赛每队须由 4 人组成。团体赛共两轮，分别为混合题型字母传递赛和无 9 数独棋赛。

字母关联混合题型赛：每队共完成 12 道题目，题目会正反面打印在 6 张试卷上，每道题目中都含有 4 个字母，在 12

道题目中每个字母均出现两次,出现在不同题目中的相同字母所在格内的数字相同,根据字母互相串联的线索解出这12道题目。题目类型参照各组别个人赛题型,每道题有相应的分数,12道题如果全部正确完成的情况下,每提前一分钟获得5分的加分。

无9数独棋赛:本轮需要选手用组委会指定的数独棋完成题目,比赛开始后选手把试卷上的题目用数独棋摆出,再用数独棋完成该题。本轮使用的数独棋中只有数字1-8,没有数字9,选手在摆题和解题过程中将数字9应填的格空出即可。(注:本轮禁止用任何文具辅助做题,桌面上只能有数独棋和数独试卷,试卷上不能有任何笔迹也不得损坏,禁止使用任何物体替代数字9放在数独盘面内。)

③比赛题型:团体赛采用的题型与相应组别个人赛相同。

④计分办法:

第1轮混合题赛:总分200分。限时25分钟,全部正确完成的情况下每提前1分钟加5分。

第2轮数独棋赛:总分100分。限时10分钟,如果题目没有全部完成,每放对一个数字给1分,放错一个数字倒扣1分。正确完成的情况下每提前1分钟加5分。

每个组别根据两轮总分确定名次,前六名的学校分别获得团体金、银、铜奖,如果分数并列则相同获得对应奖项。

(4)比赛题型

U8组:四宫标准数独/六宫标准数独/九宫标准数独/五宫不规则数独/六宫对角线数独。

U10组:六宫标准数独/九宫标准数独/九宫对角线数独/九宫奇数数独/六宫不规则数独/六宫连续数独/六宫杀手数独。

U12组：九宫标准数独／九宫对角线数独／九宫乘积数独／七宫不规则数独／六宫连续数独／六宫杀手数独／六宫不等号数独。

U18组：九宫标准数独／九宫对角线数独／九宫不规则数独／九宫杀手数独／九宫连续数独／九宫无马数独／六宫摩天楼数独／六宫黑白点数独

（5）"数独王中王"表演赛

个人赛每组金奖选手参加"数独王中王"表演赛，优胜者获得本届"数独王中王"称号。"王中王"表演赛将在8月11日颁奖仪式前进行。

6. 奖项设置

①各组设个人金奖5名，银奖25名，铜奖50名，颁发奖牌和奖状；其他入围精英赛决赛选手授予个人优秀成绩奖状。

②各组设团体金奖1名、银奖5名，其余团体为铜奖，颁发奖杯和证书。

7. 裁判和仲裁

本赛事裁判和仲裁由北京市数独运动协会的专业裁判担任。

①每道题目答案唯一。试卷统一收回后，裁判组将按照标准答案进行评判，每个格内数字以最大最清晰数字为准，如果一格内多于一个数字或字迹潦草无法分辨，则该格数字判定为错，该题目不得分。

②裁判组严格执行阅卷管理制度，每道题目将由二判一核确认后登分，原则上初赛不接受查分。

8. 参赛资格

①参赛队员需有中小学正式学籍，不受户籍限制。

②参赛队员需遵守中小学生行为规范，身体健康，无高血压、神经科、心脏疾患。

③参赛队员需接受并遵守本赛事规程及相关规定。

9. 参赛要求

①各地组委会在接到本通知后可在当地组织2018全国青少年数独比赛初赛××赛区选拔赛，比赛题型须使用数独协会统一试卷，并严格执行赛事规则要求，做到组织严密、竞赛公正并接受各方监督。

②报名信息需统计选手姓名、组别、身份证号码、监护人联系电话等信息，报名结束后将电子版报名表上传组委会。

③赛题不允许选手拍照赛题，所有赛题未经北京市数独运动协会允许不得公开，不得集册出版、复印、售卖。

④各地组委会要与北京市数独运动协会保持沟通联系，及时汇报本赛区各项工作进展情况。如出现严重违规，将被取消承办资格。

10. 比赛器材及参考用书

①参赛选手自带比赛文具，包括铅笔、橡皮。

②团体赛第三轮使用的数独棋，则由数独运动协会统一提供，选手不得将棋子带离赛场。

③参考用书为龙门书局出版的《中小学数独比赛题集》《小学生数独训练》《六宫变型数独全集》《随时随地玩数独》。

11. 违规及处理

①违规行为包括但不限于冒名顶替、弄虚作假、服用兴奋剂等。

②参赛者如有违规行为,将被取消参赛资格和所有成绩,并追回奖项。

③比赛指导老师在比赛开始时未按要求及时退场,视为违规作弊,直接取消该校成绩。

④参赛者如有违纪行为,参照《全国学生体育竞赛纪律处罚规定》《全国学生体育竞赛处罚规定》处理。

12. 申诉

如对比赛结果及判罚有异议,首先由领队或教练向各组裁判口头提出。经解释仍有异议者,须以赛区名义以书面形式,向总裁判长提出申诉要求,并提供相关证据。申诉报告须经领队签字方可受理。

总裁判长有权更改裁判组结果或维持原判,总裁判长给出的判断为最终结果。

13. 其他

①本赛事官方信息发布在北京市数独运动协会微信公众号"数独酷"。

②其他未尽事宜将另行通知。

③本规程解释权在赛事组委会。

④各地组委会联系方式,详见表1-1所示。

表 1-1 各地组委会联系方式

序号	赛区组委会	联系电话	联系人
1	辽宁省大连市	13352295866	栾老师
2	吉林省长春市	0431-89366677；15043036228	潘老师
3	山东省潍坊市	0536-8862211	滕老师
4	广东省东莞市	0769-33388360；13926841400	黄老师
5	浙江省宁波市	0574-88215829	陆老师
6	浙江省衢州市	13967002228	郑老师
7	浙江省杭州市	0571-86818800；0571-86819900	朱老师
8	江苏省苏州市	15505241246	庄老师
9	江苏省无锡市	0510-81856070；15961802706	唐老师
10	江苏省扬州市	0514—87365521；17705272299	章老师
11	江苏省南通市	0513-87922966；18551307666	马老师
12	河南省许昌市	15290999147	胡老师
13	山西省太原市	17303415055	李老师
14	云南省昆明市	0871-68396099	刘老师
15	上海市	021-62279363；13002132226	陈老师
16	黑龙江省大庆市	13936939557	郭老师
17	黑龙江省哈尔滨市	13936939557	郭老师
18	江西省赣州市	15216168457	赖老师

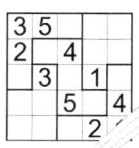

第二章

12岁以下年龄组题型介绍

1. 六宫连续数独：将数字 1-6 填入空格内，使每行、每列及每宫内数字均不重复，题目中相邻两格间标有灰色粗线的，这两格内数字之差为 1；相邻两格间没标灰色粗线的，这两格内数字之差不能为 1。

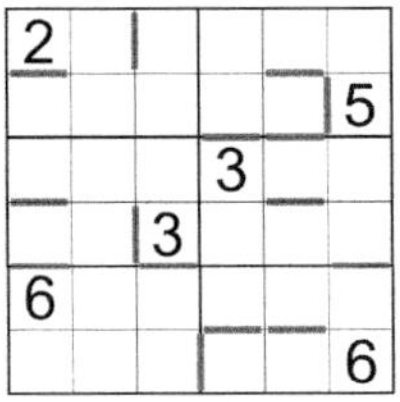

图 1-1 六宫连续数独例题 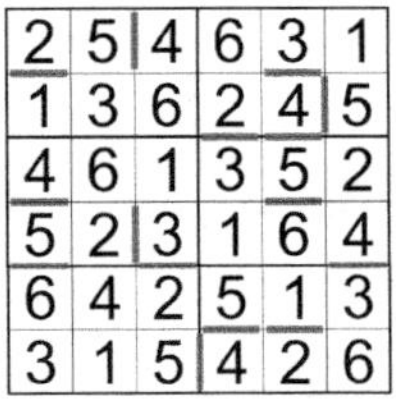　　图 1-2 六宫连续数独例题答案

2. 六宫杀手数独：将数字 1-6 填入空格内，使每行、每列及每宫内数字均不重复，虚线框内提示数表示该框内所有数字之和，同一虚线框内不能出现相同的数字。

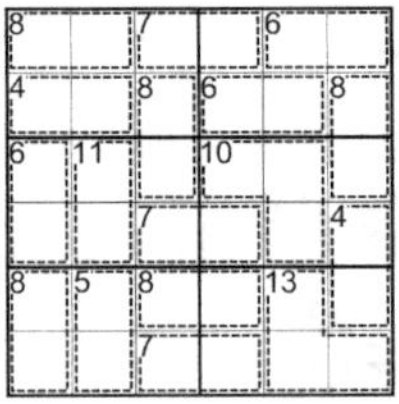

图 1-3 六宫杀手数独例题 　　图 1-4 六宫杀手数独例题答案

3. 六宫不等号数独：将数字 1-6 填入空格内，使每行、每列及每宫内数字均不重复，盘面内不等号表示相邻两侧格内数字的大小关系。

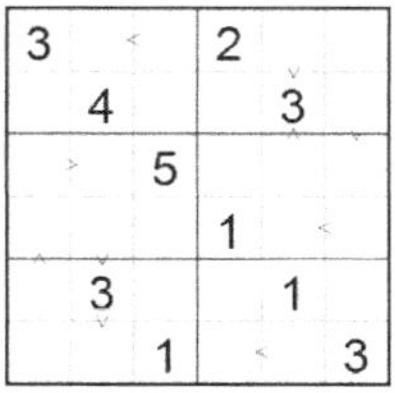

图 1-5 六宫不等号数独例题 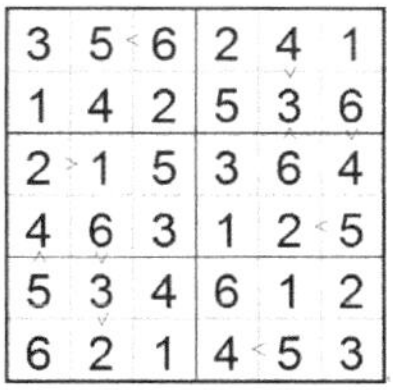　图 1-6 六宫不等号数独例题答案

4. 七宫不规则数独：将数字 1-7 填入空格内，使每行、每列及每个不规则粗线宫内数字均不重复。

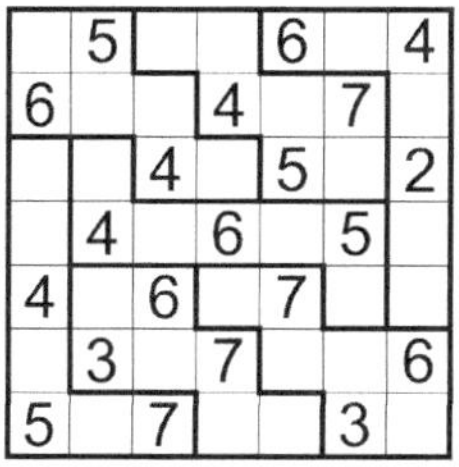

图 1-7 七宫不规则数独例题 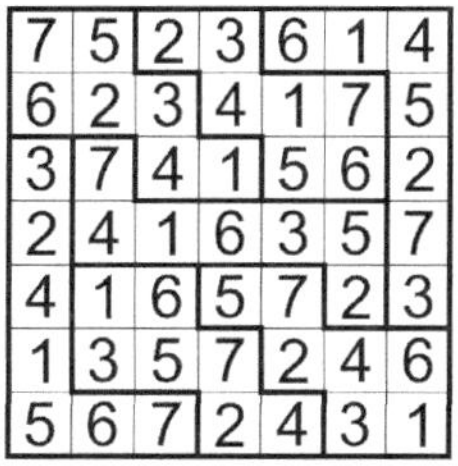　图 1-8 七宫不规则数独例题答案

5. 标准数独：将数字 1-9 填入空格内，使每行、每列及每宫内数字均不重复。

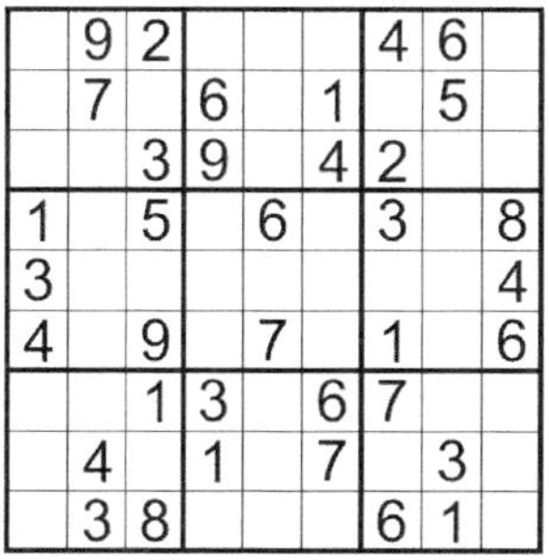

图 1-9 标准数独例题 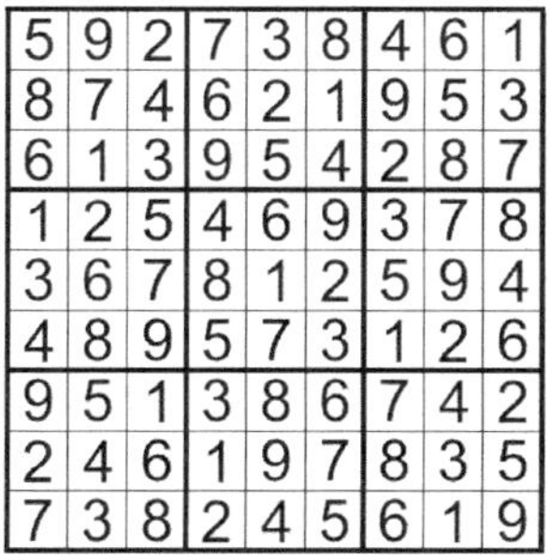　图 1-10 标准数独例题答案

6. 对角线数独：将数字 1-9 填入空格内，使每行、每列、每宫及两个对角线内数字均不重复。

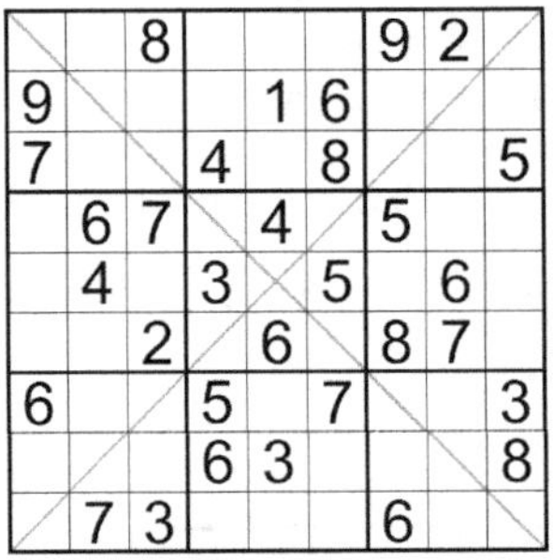

图 1-11 对角线数独例题 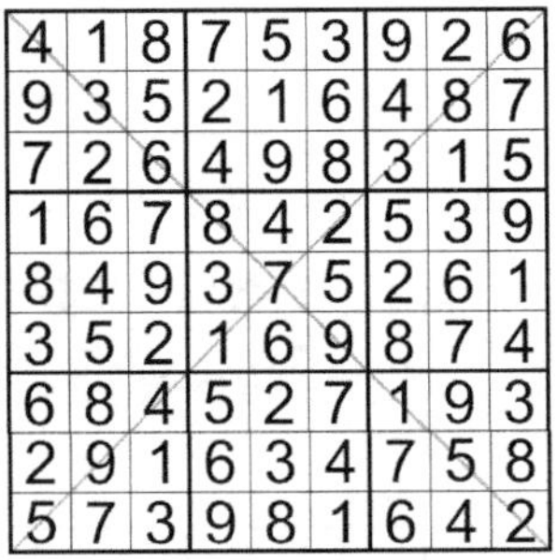　　图 1-12 对角线数独例题答案

7. 乘积数独：将数字 1-9 填入空格内，使每行、每列及每宫内数字均不重复，盘面内提示数表示两侧格内数字的乘积。

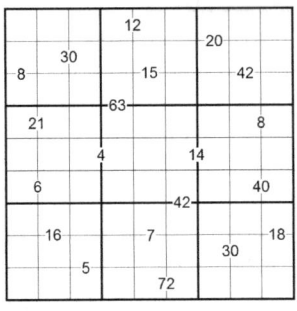

图 1-13 乘积数独例题 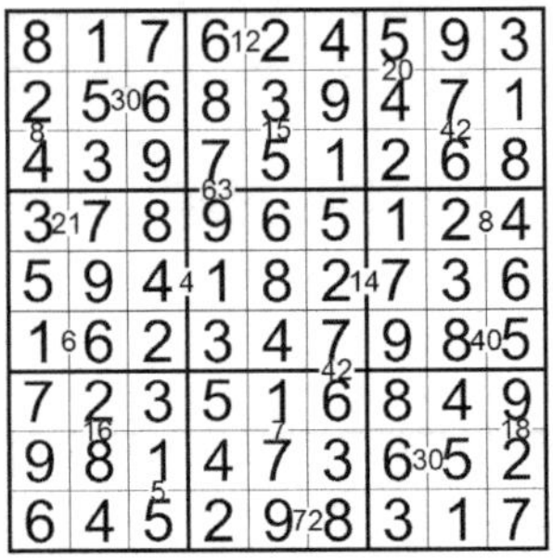　　图 1-14 乘积数独例题答案

第三章

12 岁以下年龄组 官方模拟题及答案

六宫连续数独

将数字1-6填入空格内，使每行、每列及每宫内数字均不重复，题目中相邻两格间标有灰色粗线的，这两格内数字之差为1；相邻两格间没标灰色粗线的，这两格内数字之差不能为1。

001

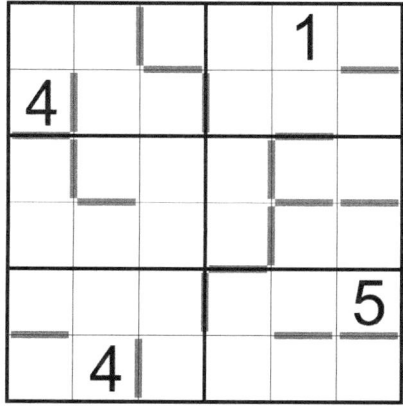

002

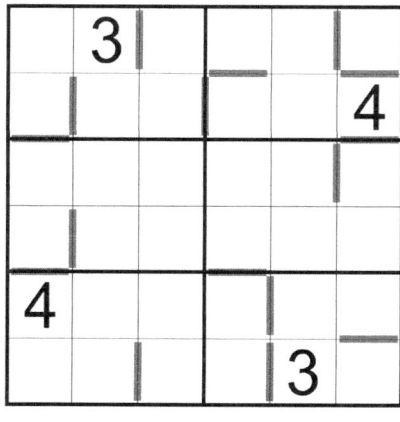

003

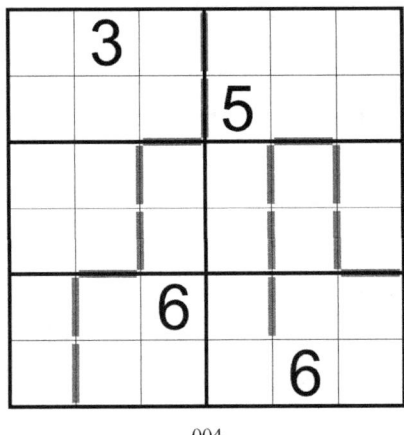

004

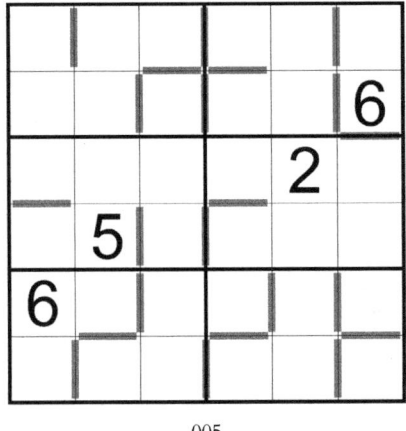

005

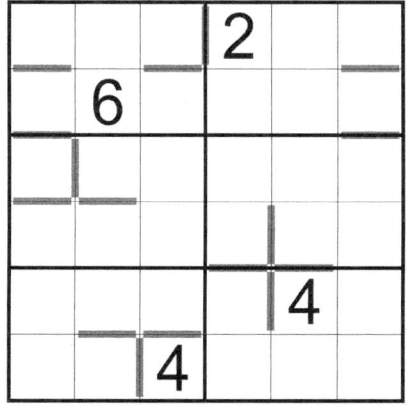

006

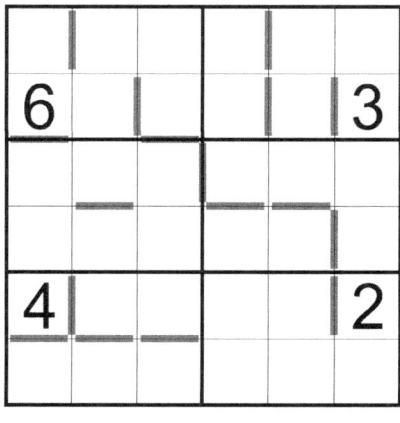

007

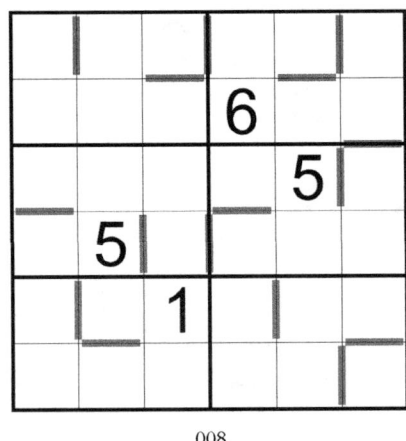

008

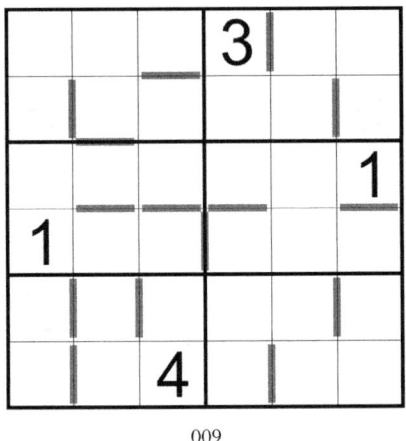

009

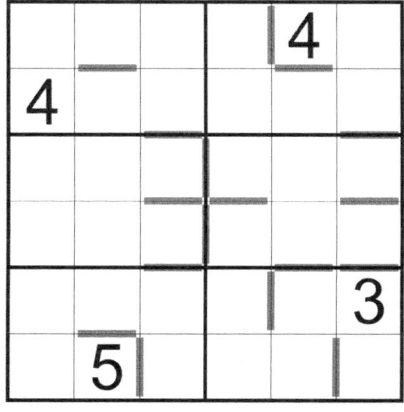

010

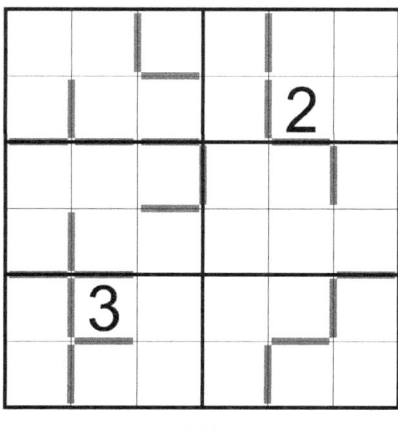

011

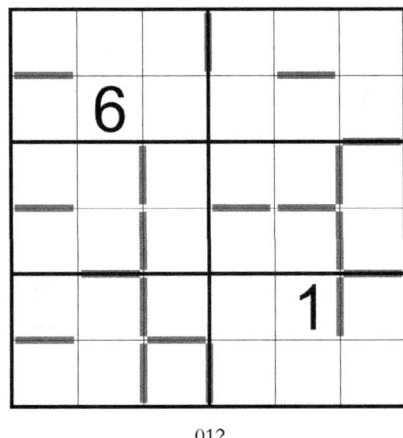

012

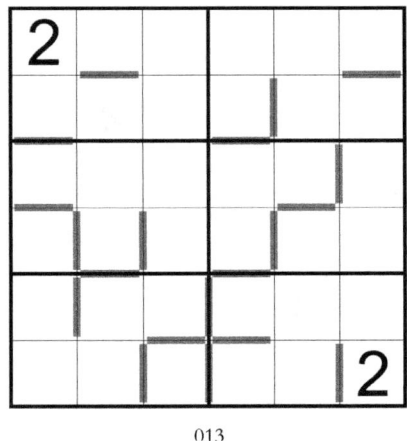

013

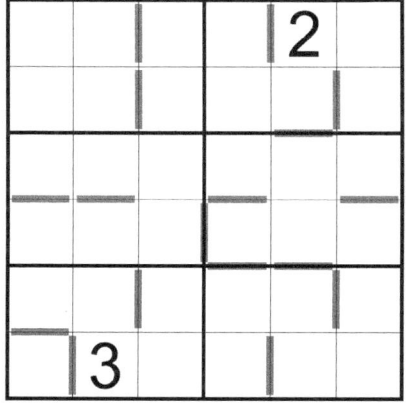
014

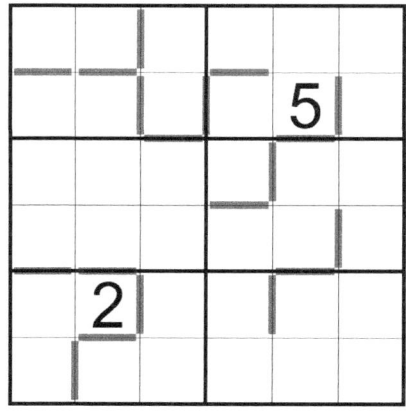
015

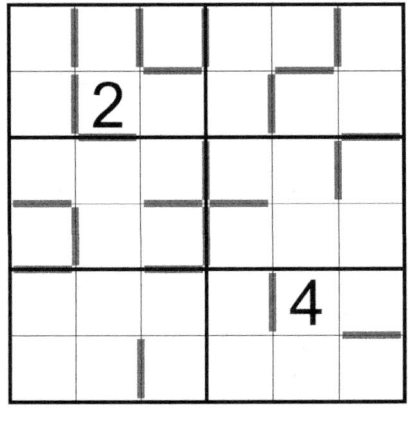

016

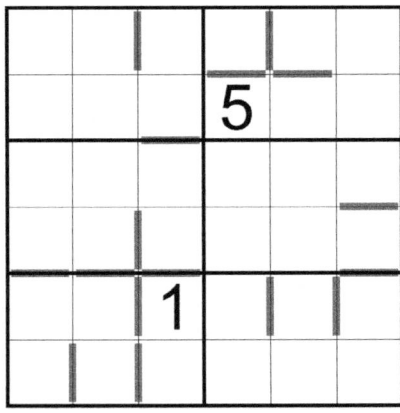

017

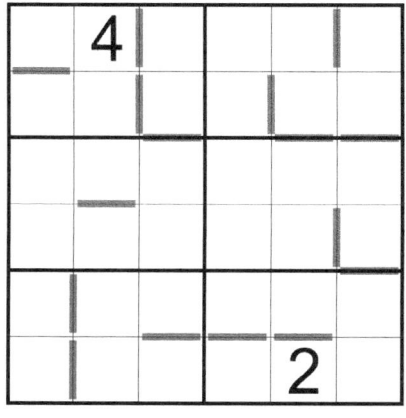

018

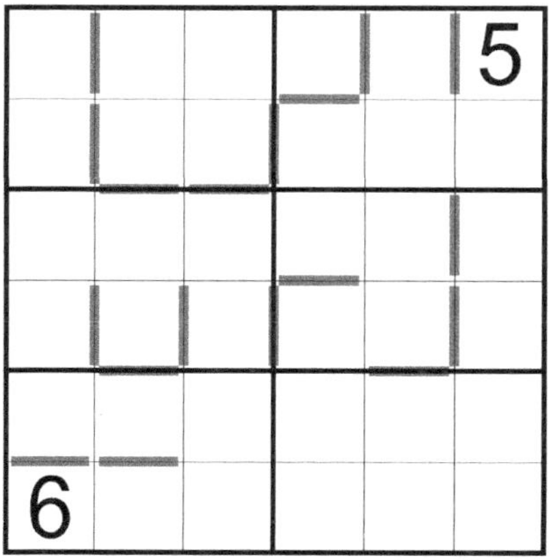

019

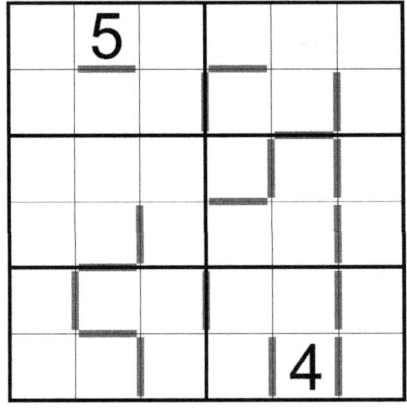

六宫杀手数独

将数字1-6填入空格内,使每行、每列及每宫内数字均不重复,虚线框内提示数表示该框内所有数字之和,同一虚线框内不能出现相同的数字。

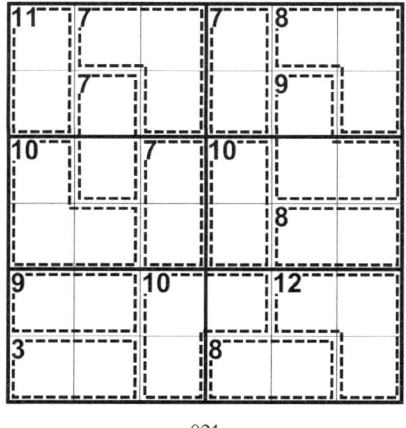

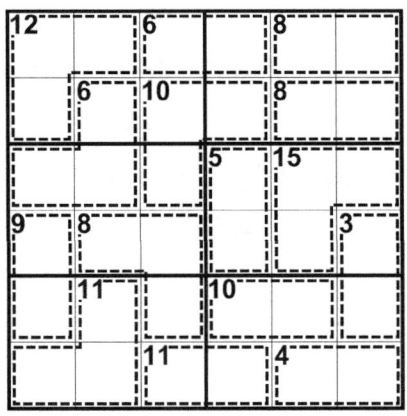

022

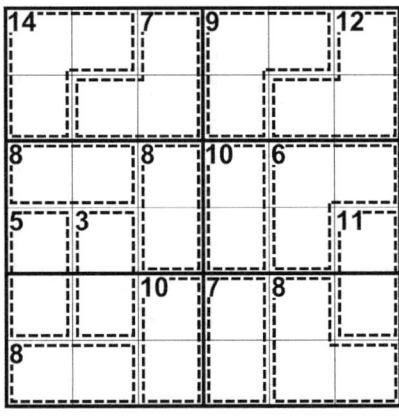

023

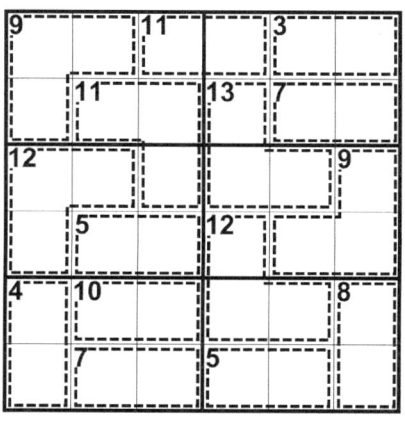

024

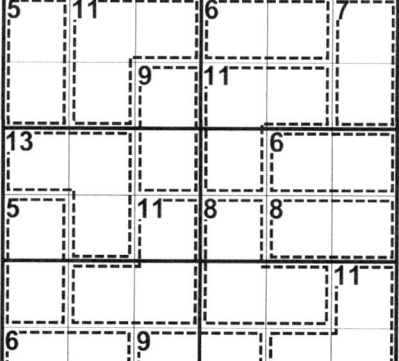

025

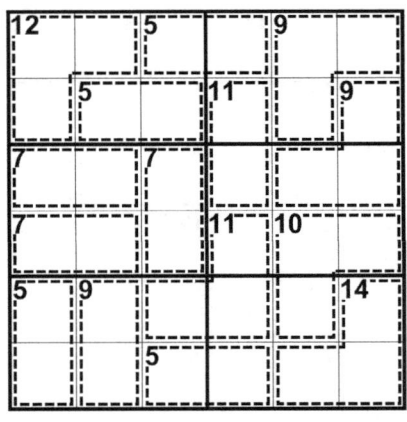

026

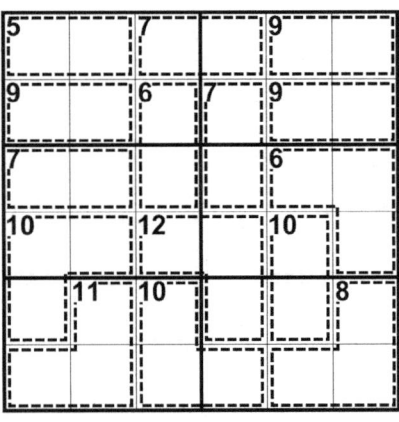

027

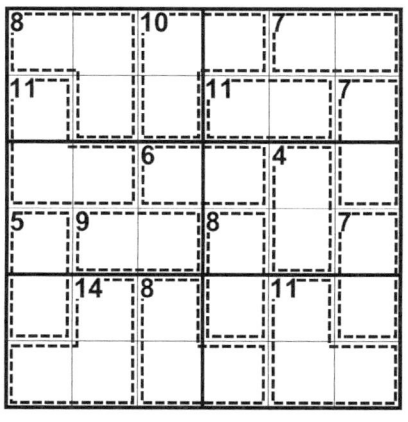

028

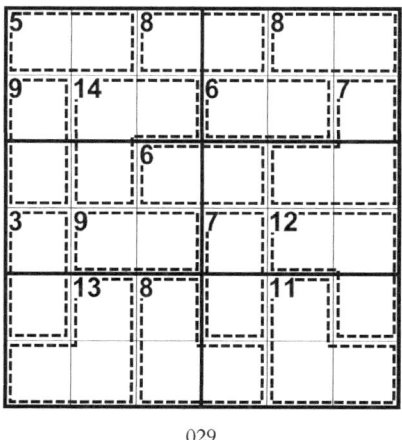

029

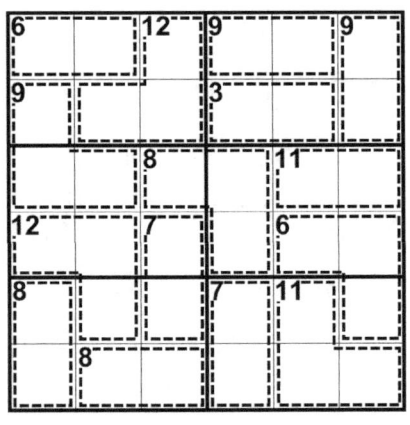

030

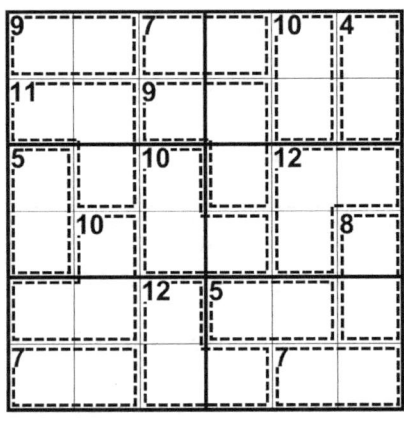

031

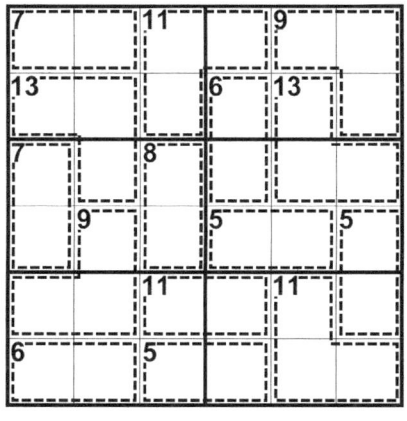

032

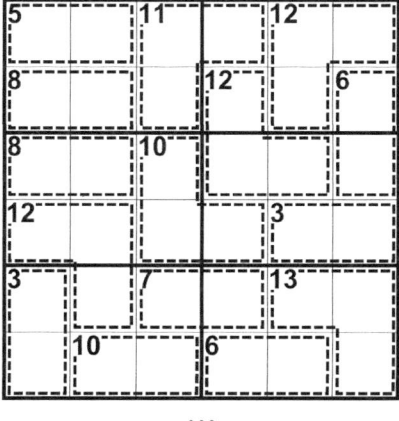

033

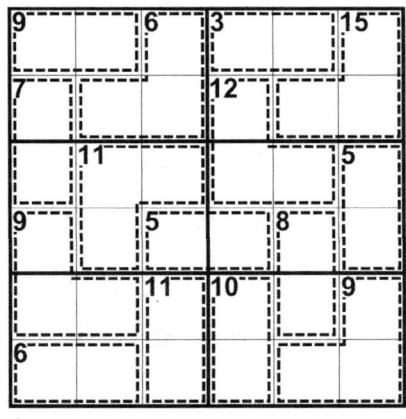

034

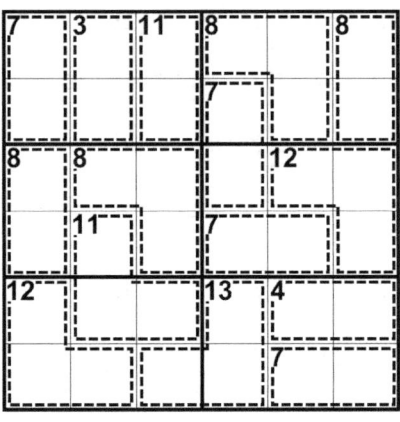

035

036

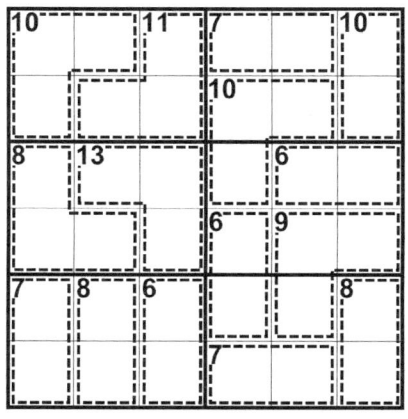

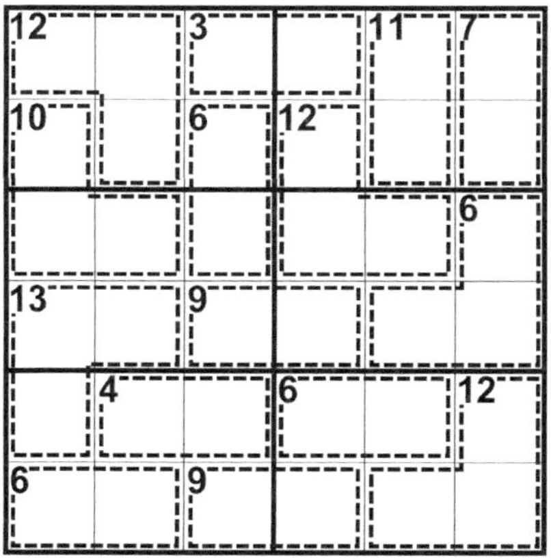

037

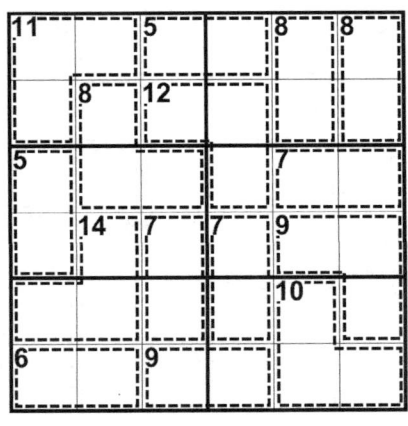

038

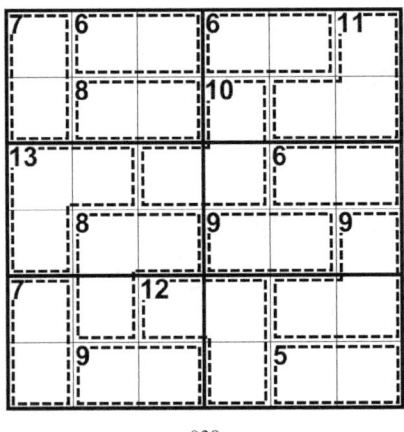

039

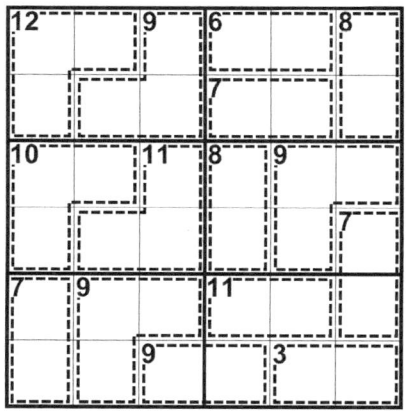

六宫不等号数独

将数字 1-6 填入空格内,使每行、每列及每宫内数字均不重复,盘面内不等号表示相邻两侧格内数字的大小关系。

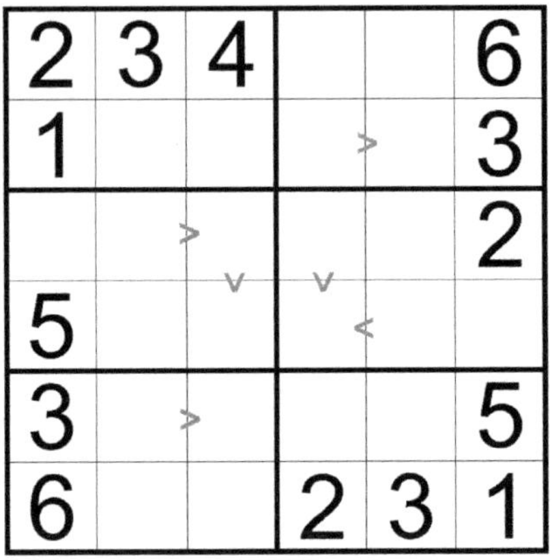

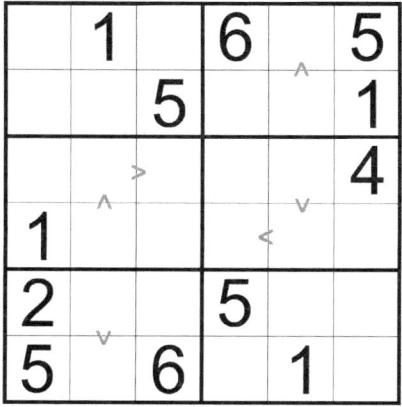

	1		6		5
		5			1
					4
1					
2			5		
5		6		1	

042

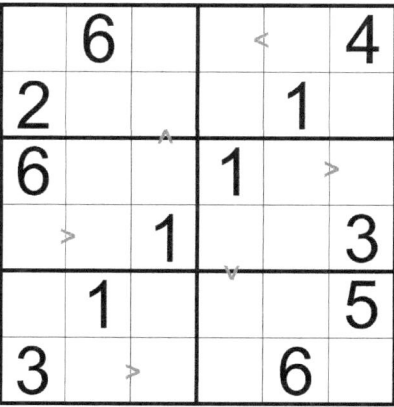

	6				4
2				1	
6			1		
		1			3
	1				5
3				6	

043

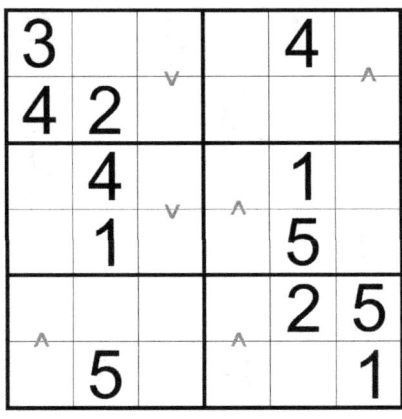

044

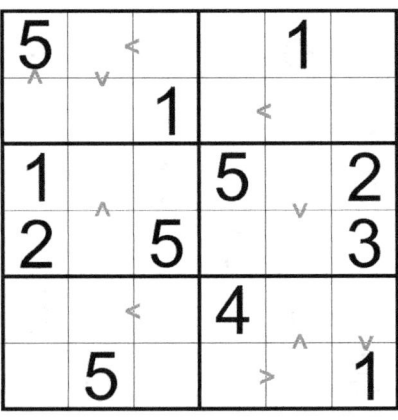

045

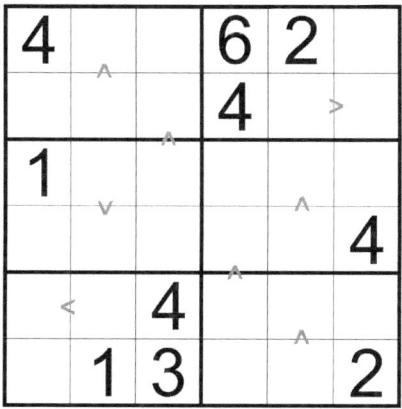

046

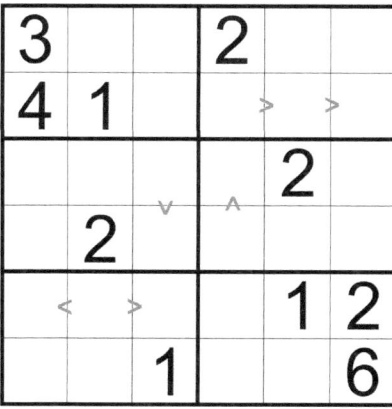

047

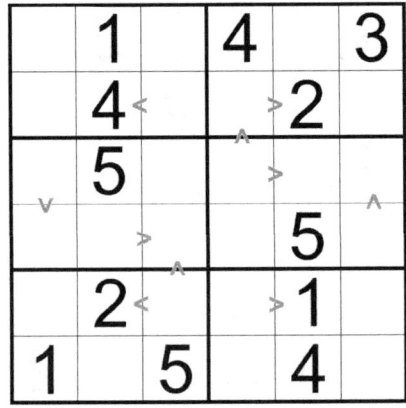

048

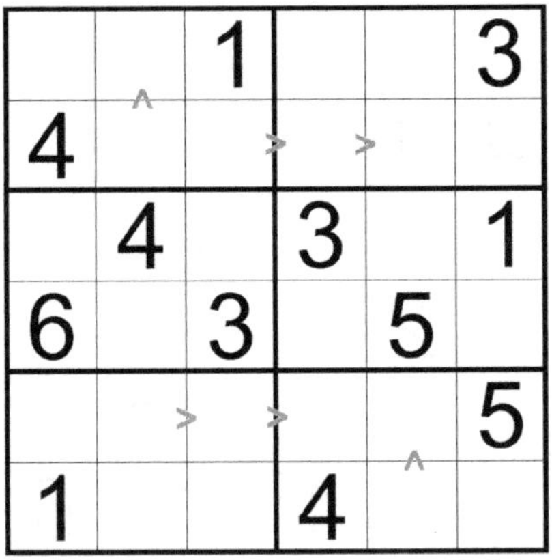

049

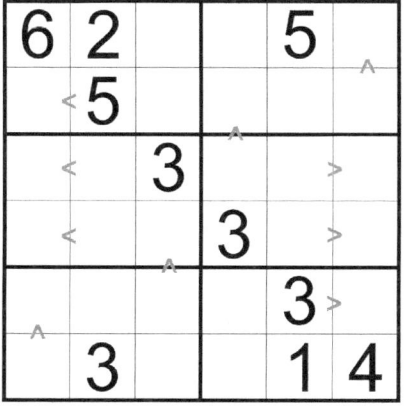

050

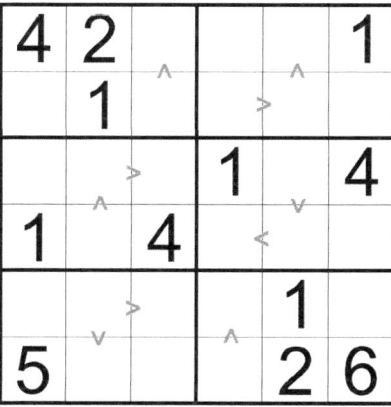

051

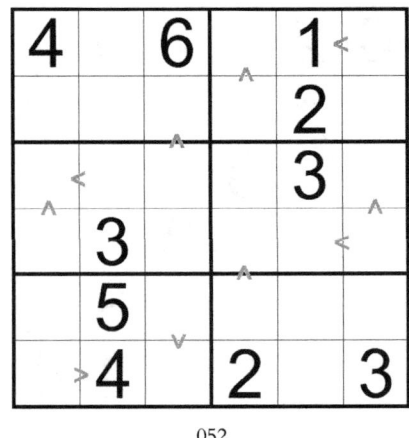

052

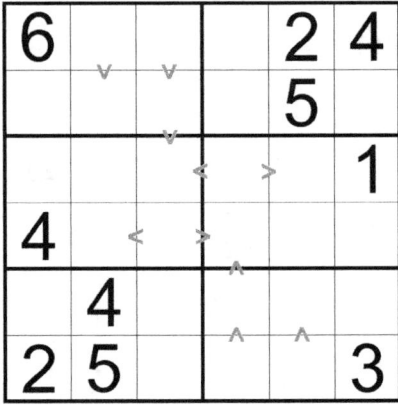

053

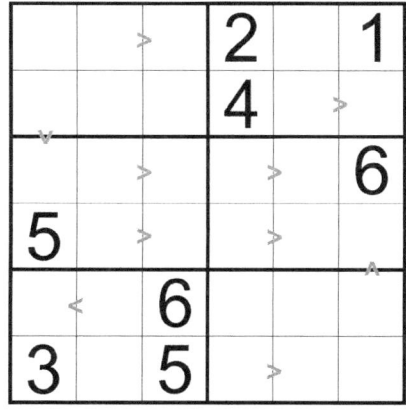

054

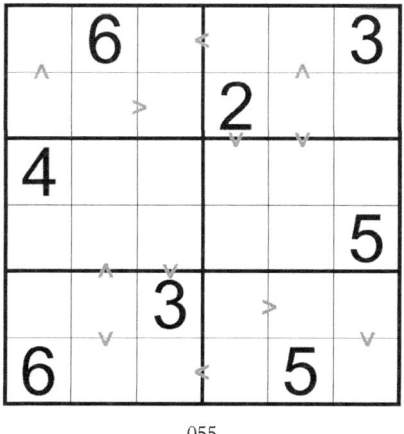

055

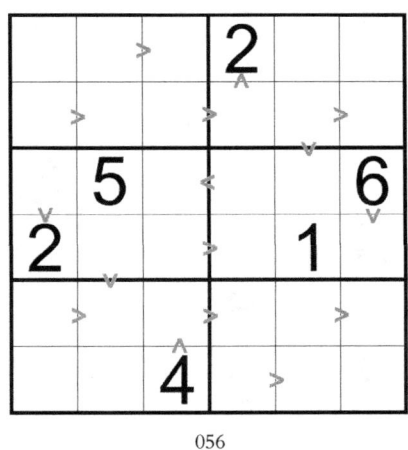

056

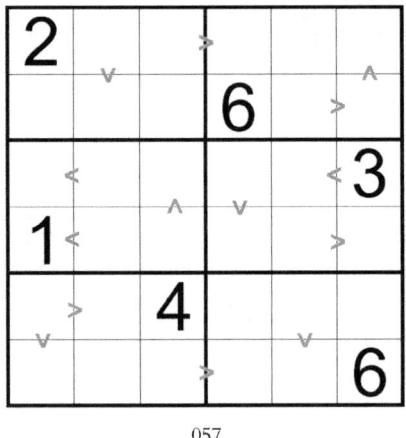

057

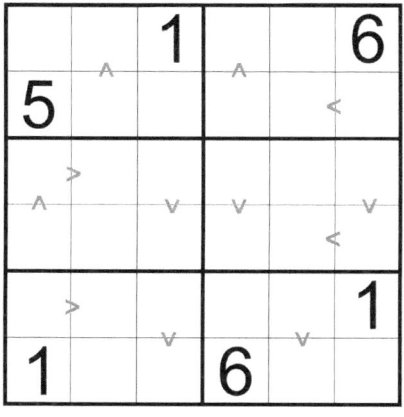

058

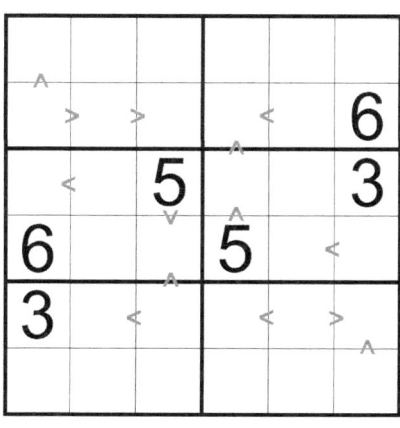

059

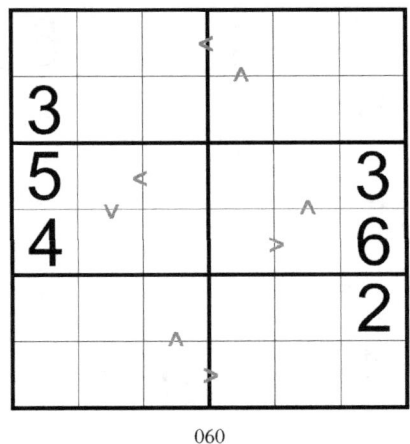

060

七宫不规则数独

将数字 1–7 填入空格内，使每行、每列及每个不规则粗线宫内数字均不重复。

4		6			1	5
	5		6	1		
6						1
	1	3		4	6	
1						4
		1	4		5	
2	4			3		6

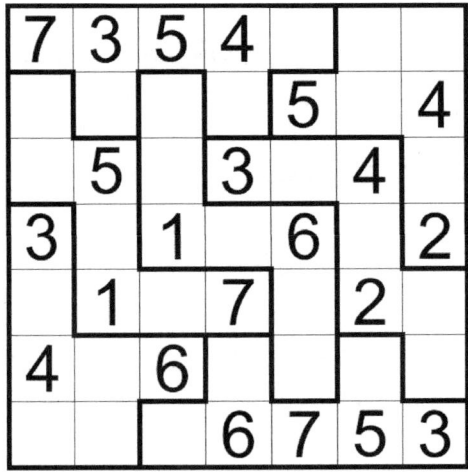

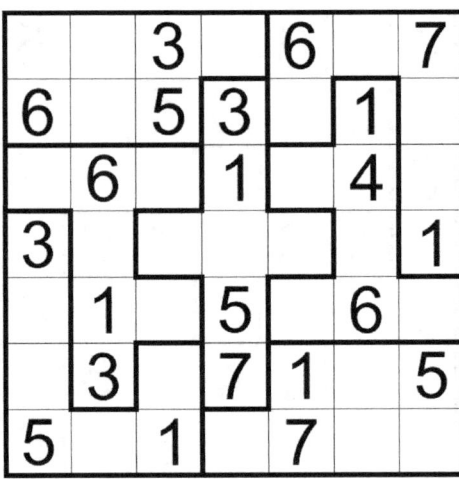

7	3	5	4			
				5		4
	5		3		4	
3		1		6		2
	1		7		2	
4		6				
			6	7	5	3

062

		3		6		7
6		5	3		1	
	6		1		4	
3						1
	1		5		6	
	3		7	1		5
5		1		7		

063

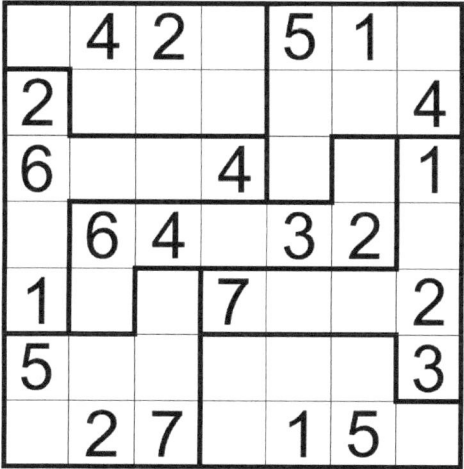

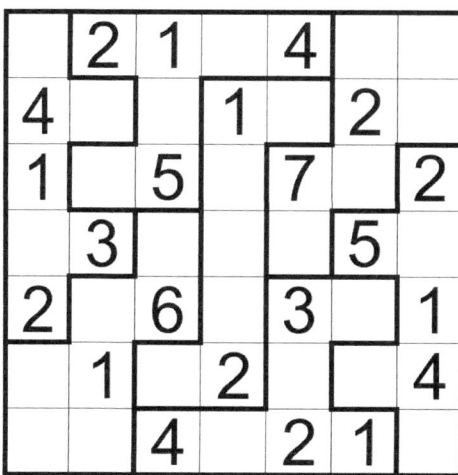

	4	2		5	1	
2						4
6			4			1
	6	4		3	2	
1			7			2
5						3
	2	7		1	5	

064

	2	1		4		
4			1		2	
1		5		7		2
	3				5	
2		6		3		1
	1		2			4
		4		2	1	

065

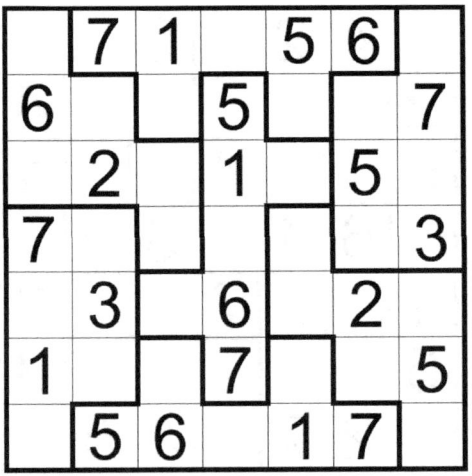

	7	1		5	6	
6			5			7
	2		1		5	
7						3
	3		6		2	
1			7			5
	5	6		1	7	

066

	7	5		2		6
6	5					
1			6	3		5
		7		1		
2		3	4			7
					1	4
4		1		7	2	

067

		4		7	2	
	2		7			5
6				3		2
	6				4	
7		2				4
1			2		6	
	7	6		4		

068

5			2			7
	2				5	
		1	3	2		
1		2		4		3
		3	7	6		
	7				1	
2			6			1

069

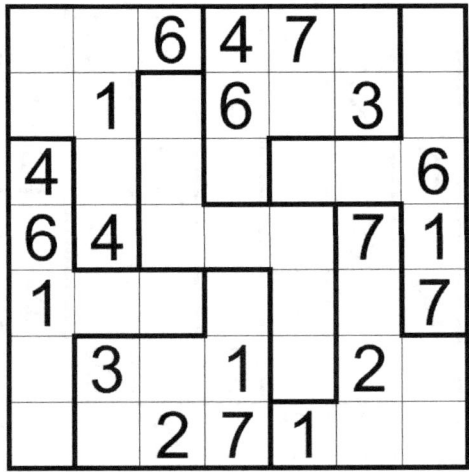

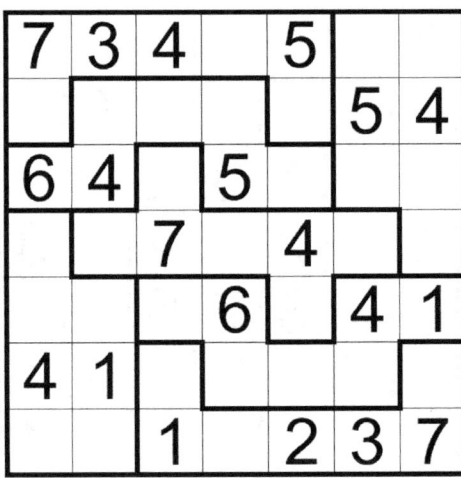

		6	4	7		
	1		6		3	
4						6
6	4				7	1
1						7
	3		1		2	
		2	7	1		

070

7	3	4		5		
					5	4
6	4		5			
		7		4		
			6		4	1
4	1					
		1		2	3	7

071

	6	1		7	5	
7				2		4
5	2					1
1					7	5
4		5				7
	5	2		1	4	

072

4		5		1		3
	3				5	
		3	5	6		
	7				6	
		6	4	3		
	4				3	
3		2		4		5

073

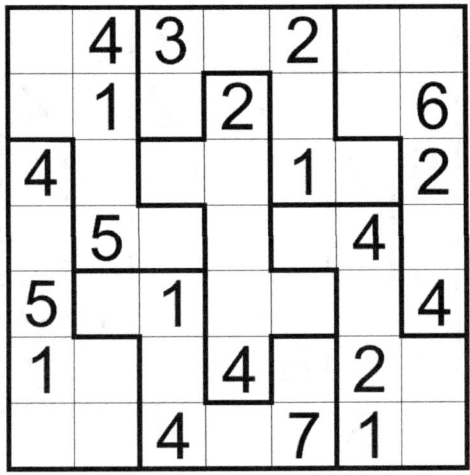

074

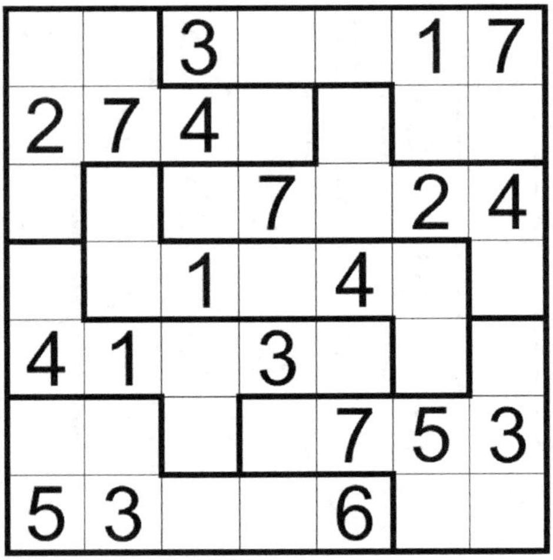

075

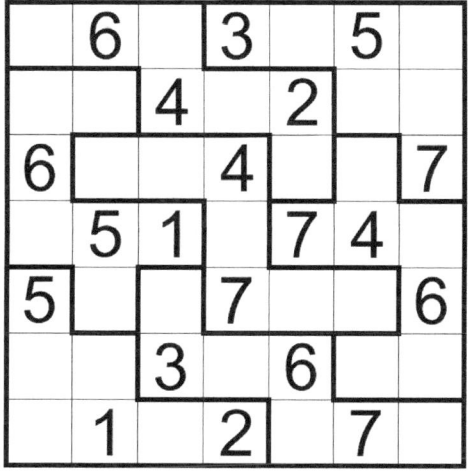

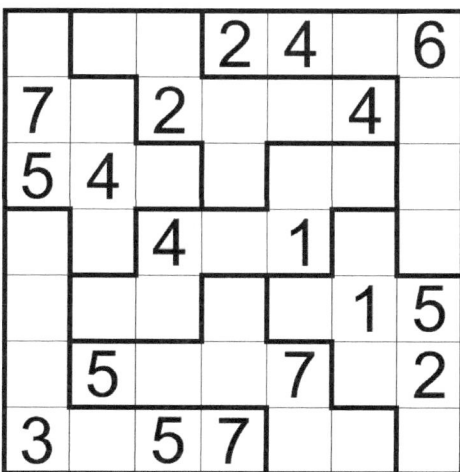

	6		3		5	
		4		2		
6			4			7
	5	1		7	4	
5			7			6
		3		6		
	1		2		7	

076

			2	4		6
7		2			4	
5	4					
		4		1		
					1	5
	5			7		2
3		5	7			

077

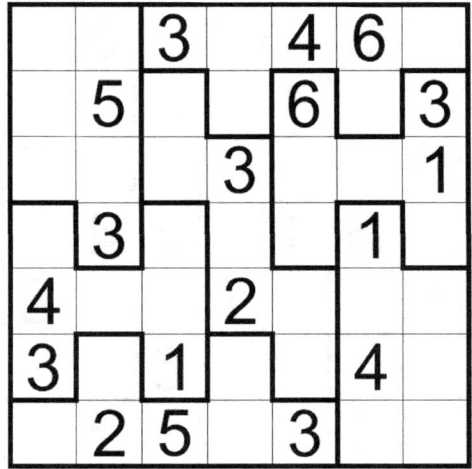

		3		4	6	
	5			6		3
			3			1
	3				1	
4			2			
3		1			4	
	2	5		3		

078

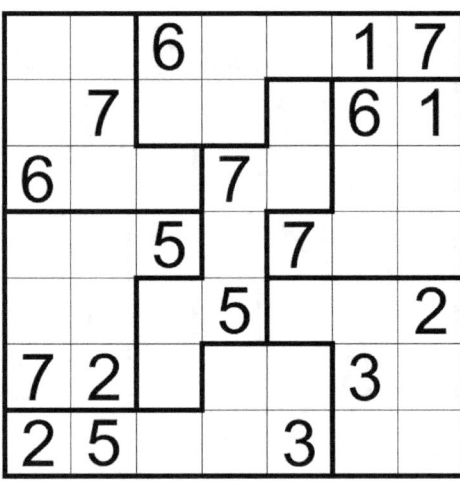

		6			1	7
	7				6	1
6			7			
		5		7		
			5			2
7	2				3	
2	5			3		

079

2			3		5	
7		2			1	
				2		1
	3				2	
3		1				
	5			4		2
	1		2			3

080

九宫标准数独

将数字 1–9 填入空格内，使每行、每列及每宫内数字均不重复。

060

	5		7		6			
2						6	7	9
	7		3		1			
		5				3		1
			8		2			
4		2				8		
			5		8		9	
7	8	3						2
			2		3		6	

			6				1	
			8	2	1			6
		2		9				
7	8				5		3	
	6	5				1	2	
	2		3				4	5
				5		3		
8			1	6	4			
	4				8			

082

			2	4	8			
	1	5					2	8
					1		3	
6		9				3		7
			1		7			
4		1				5		2
	4		8					
5	9					1	8	
			9	2	5			

083

4		6						
			5		4	7	1	
9				1			6	
	9		4		7		2	
		8				4		
	2		8		6		7	
	7			4				8
	6	1	2		9			
						1		2

084

	5			2			1	
				5				
	1	7				8	5	
5			1		4			3
1		8				7		5
2			8		5			9
	4	5				6	7	
				6				
	9			8			3	

085

	6		4		5			
						3	6	
8	5			1	9			
				4		2		9
9		1				4		7
5		2		7				
			5	9			1	8
	9	6						
			1		3		4	

086

	5			7				8
7	4	6						
	8		9		1			
		7		2		9		
4			8		3			7
		3		5		8		
			5		4		8	
						6	2	9
1				9			4	

087

3			8			7		
			3	9				2
9		5				8		3
	9			7	6			
	6						1	
			9	8			6	
6		8				3		1
5				1	8			
		1			2			5

088

	7	1				3	4	
				8	5			
8			4				5	
		5		3		9		
1			2		8			3
		2		9		4		
	1				3			4
			9	7				
	3	9				5	7	

089

	5	8			2			
	4					9	1	5
	3		9	6				
			8					3
4		5				1		2
7					4			
				7	3		5	
3	9	4					7	
			6			4	3	

090

2							7	
1			3			8	9	
	7				4		6	
				3		7		4
3		9		5				
	3		1				8	
	2	5			9			1
	4							7

091

3							4	
			4		8			
2		7					9	
			3			7		6
	3		8		9		2	
7		5			1			
	6					3		4
			9		6			
	1							8

092

2	9							
			4		1			7
8				6		9		
	7				9		2	
		1				6		
	6		3				9	
		6		5				4
4			7		8			
							5	9

093

	5			2		1		
	6		8	1				
						6		7
4					5			
9		1				7		5
			6					9
2		5						
				3	8		2	
		7		4			3	

094

			4		1		3	
	9						5	4
		5			8			
7				1		2		
			7		4			
		9		2				3
			3			8		
4	1						7	
	8		1		6			

095

8	7		3			2		
2				5				
			9			8		
	9	4					6	
			6		7			
	8					4	2	
		3			1			
				3				7
		1			4		9	3

096

8		7				6		
3				4	5			
						2		9
	4		1		7			
9								7
			2		8		3	
1		9						
			7	3				6
		6				1		8

098

					6	8		5
	6	2		3				
			9					2
	2		3					
8	1						2	9
					2		4	
4					8			
				6		1	3	
6		9	4					

097

	3				4			
2		9					1	
					6		3	
		6		5		7		8
		1				3		
4		7		9		5		
	6		8					
	9					6		5
			3				2	

099

9			6		8			
5						2		7
			4			8		5
		3		2				
	5						3	
				3		1		
1		2			7			
3		4						6
			1		9			3

100

九宫对角线数独

将数字 1–9 填入空格内，使每行、每列、每宫及两个对角线内数字均不重复。

			5		2		1	
		5				3		7
	3				8		9	
5				6		4		2
			2		7			
9		2		4				1
	2		3				4	
4		9				5		
	5		9		4			

071

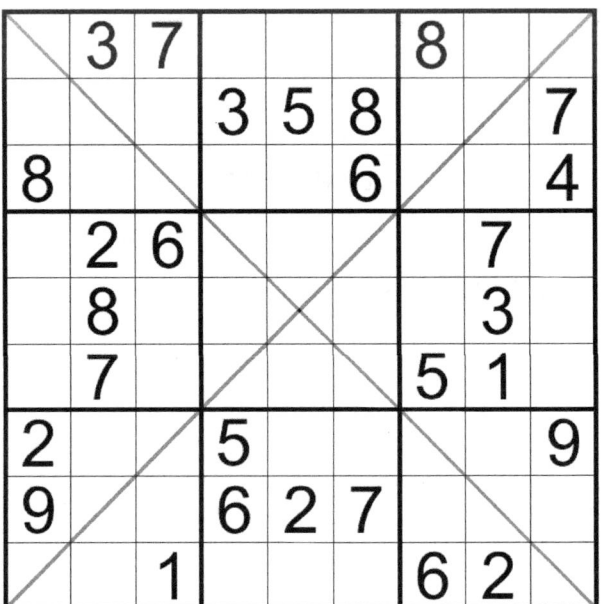

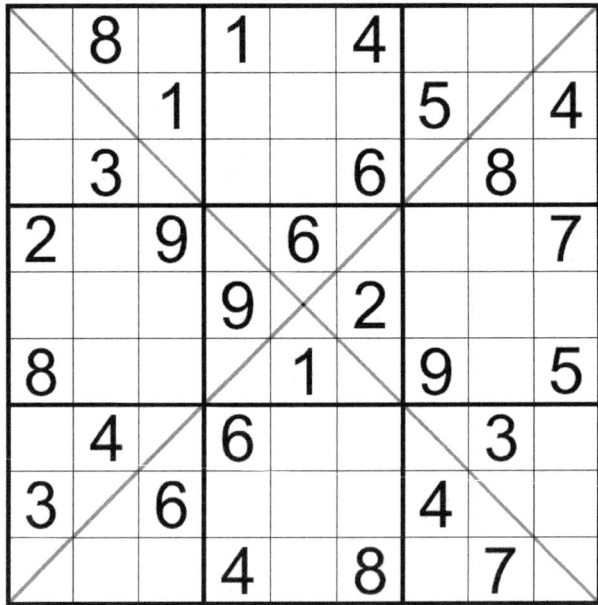

	3	7				8		
			3	5	8			7
8					6			4
	2	6					7	
	8						3	
	7					5	1	
2			5					9
9			6	2	7			
		1				6	2	

102

	8		1		4			
		1				5		4
	3				6		8	
2		9		6				7
			9		2			
8				1		9		5
	4		6				3	
3		6				4		
			4		8		7	

103

	5	7				1		
			4		1			7
4					2			3
	6	3		2			7	
			5		4			
	8			9		2	5	
2			8					9
3			6		9			
		8				6	3	

104

	9	7				2	6	
6				7				5
2			6		3			1
		6				5		
	1						7	
		9				1		
1			3		8			9
3				9				7
	4	2				3	5	

105

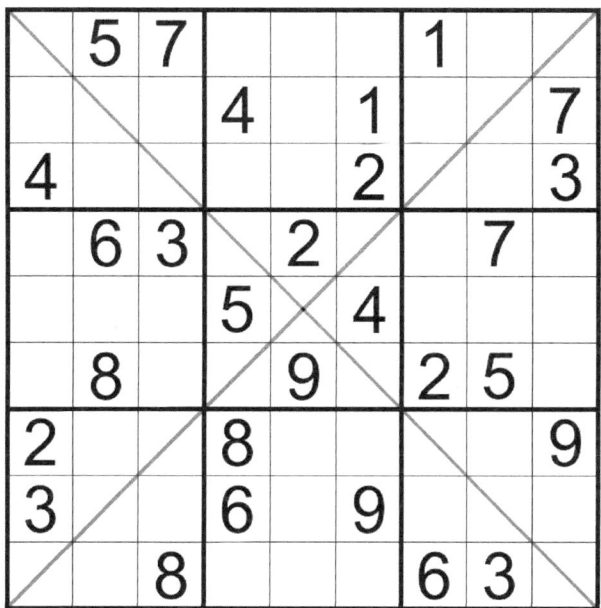

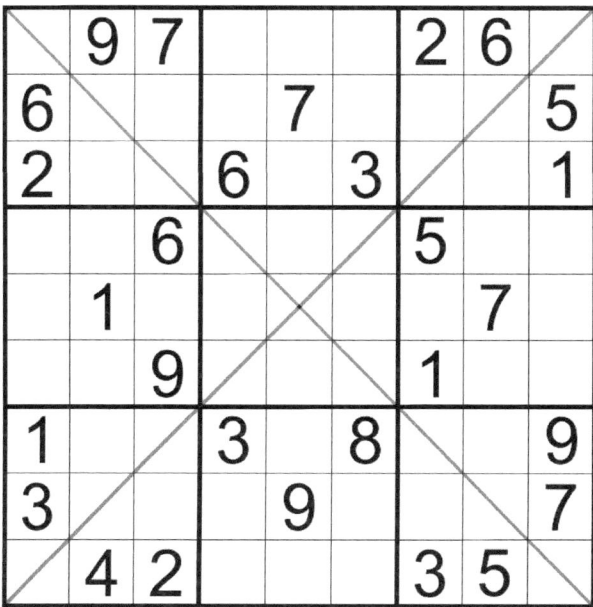

	7	2				9		
			7	4				2
6			2		9			3
		9				2	7	
	5						6	
	2	8				1		
4			3		2			7
2				7	4			
		7				4	2	

106

	6		4				5	
7		2						4
			2		6		8	
		7		8		5		9
			7		3			
5		3		4		8		
	9		3		4			
1						3		8
	7				8		4	

107

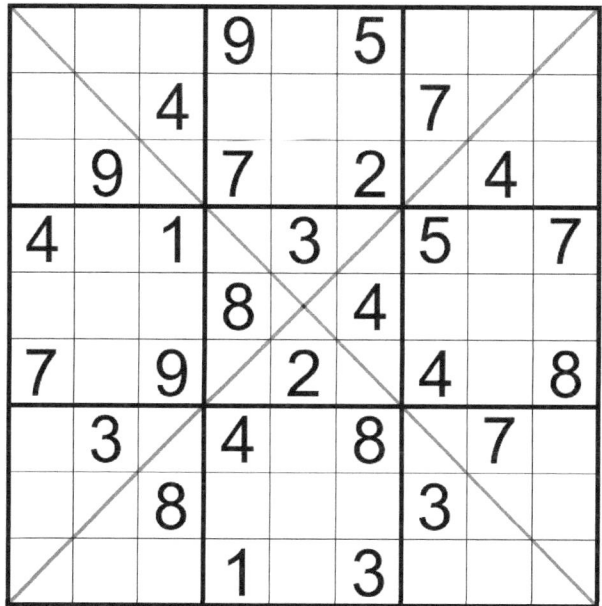

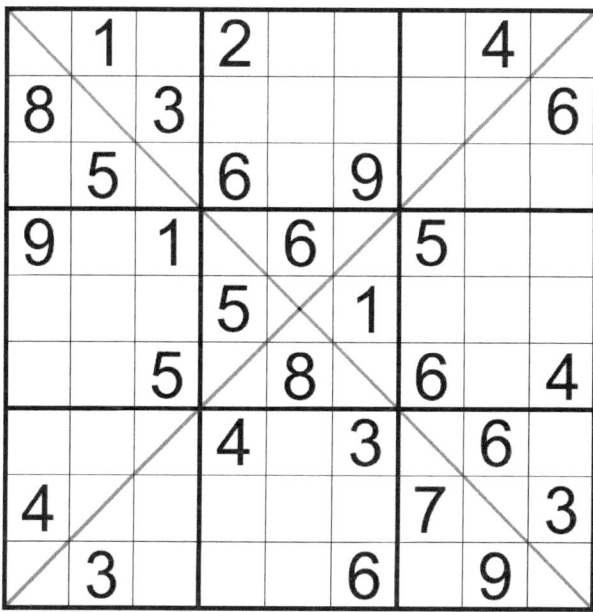

			9		5			
		4				7		
	9		7		2		4	
4		1		3		5		7
			8		4			
7		9		2		4		8
	3		4		8		7	
		8				3		
			1		3			

108

	1		2				4	
8		3						6
	5		6		9			
9		1		6		5		
			5		1			
		5		8		6		4
			4		3		6	
4						7		3
	3				6		9	

109

	5		6		9		3	
2		3						6
	1		3					
8		1		3				9
			4		8			
5				9		3		8
					3		5	
1						9		2
	6		5		7		1	

110

	7		5		1			
		5				7		2
	6				2		3	
5		3		6				8
			1		3			
6				5		3		1
	5		2				8	
2		4				1		
			8		7		4	

111

	6			7	8			
7		9				5		6
	3				2			7
		6				9	3	
			1		7			
	8	5				7		
2			8				5	
4		8				3		9
			7	4			2	

112

	1		9			2		
			1			6		9
3	6		2					
		8		6		1	7	
			5		8			
	2	3		4		9		
					2		9	3
9		2			7			
		4			3		2	

113

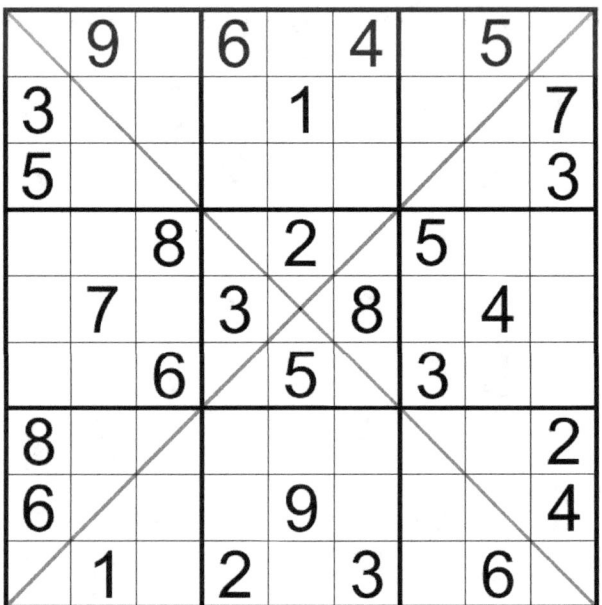

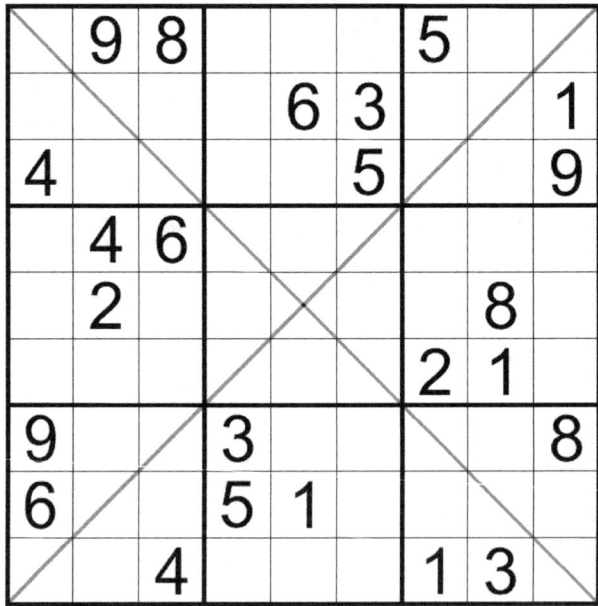

	9		6		4		5	
3				1				7
5								3
		8		2		5		
	7		3		8		4	
		6		5		3		
8								2
6				9				4
	1		2		3		6	

114

	9	8				5		
				6	3			1
4					5			9
	4	6						
	2						8	
						2	1	
9			3					8
6			5	1				
		4				1	3	

115

	8	2				3		
3			4		2			
6			3					7
	1	3					9	
	5					7	1	
8					6			9
			9		7			2
		6				8	7	

116

	8	4				1	3	
7				1				9
			5		2			
		3		8		9		
		5		2		3		
			7		9			
2				5				1
	6	9				7	5	

117

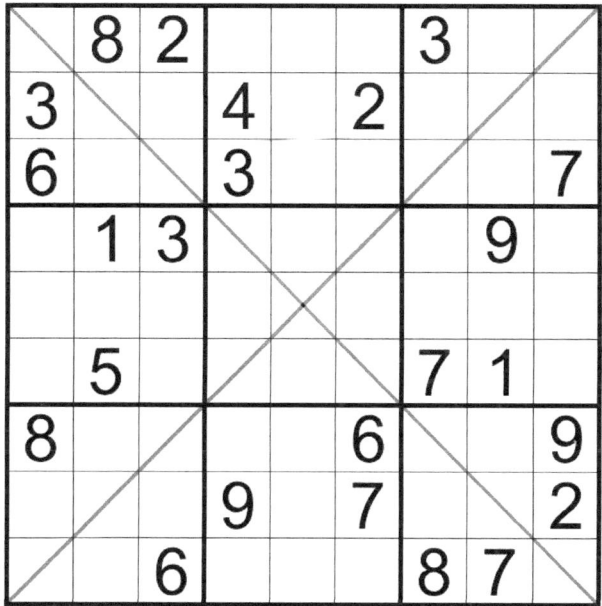

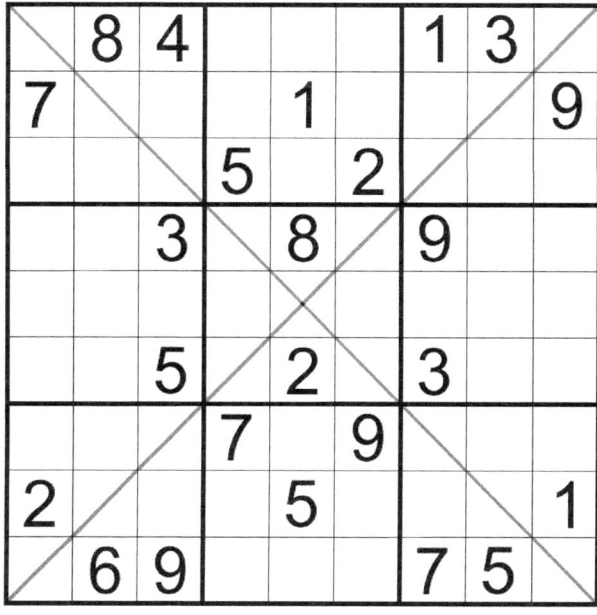

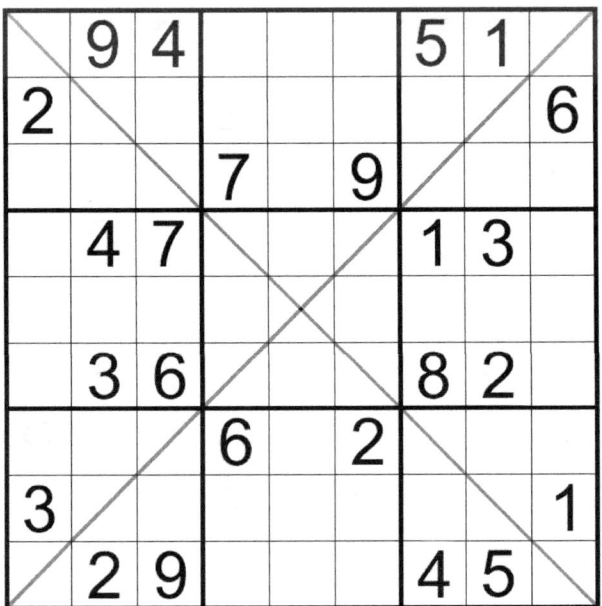

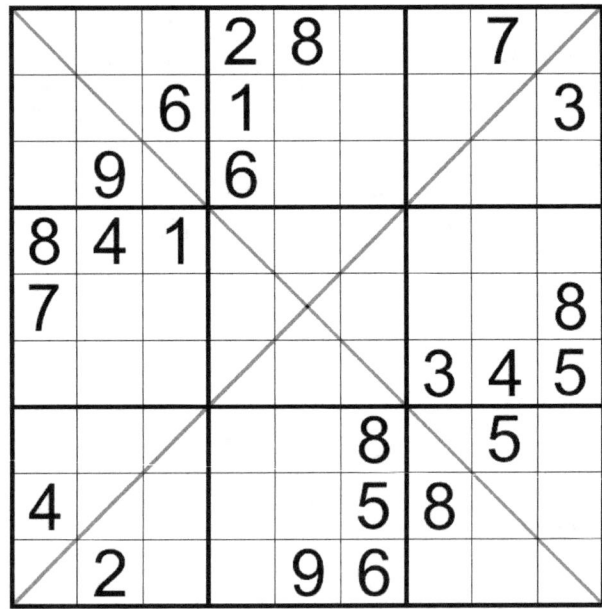

	9	4				5	1	
2								6
			7		9			
	4	7				1	3	
	3	6				8	2	
			6		2			
3								1
	2	9				4	5	

118

			2	8			7	
		6	1					3
	9		6					
8	4	1						
7								8
						3	4	5
					8		5	
4					5	8		
	2			9	6			

119

	1	3				8		
					1			7
7					9			1
	7	5		6				
			9		4			
				1		7	9	
5			2					6
2			4					
		6				4	7	

120

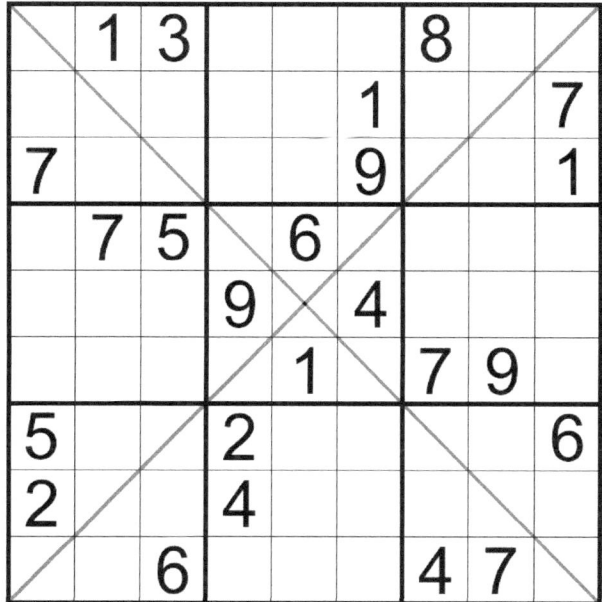

九宫乘积数独

将数字 1–9 填入空格内，使每行、每列及每宫内数字均不重复，盘面内提示数表示两侧格内数字的乘积。

082

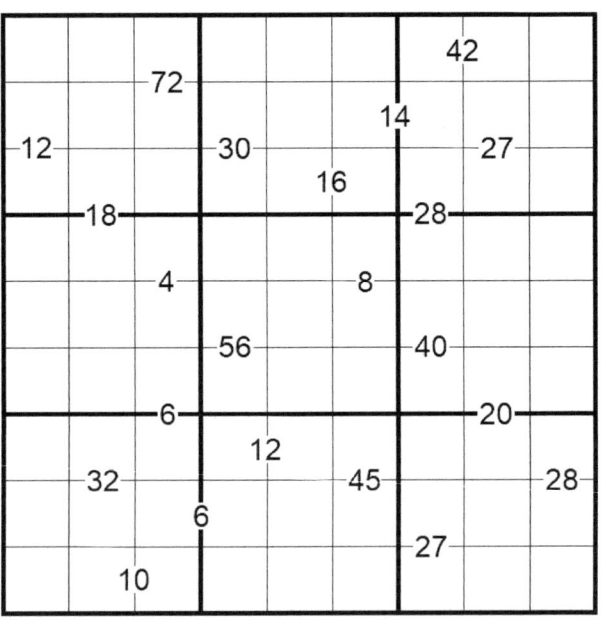

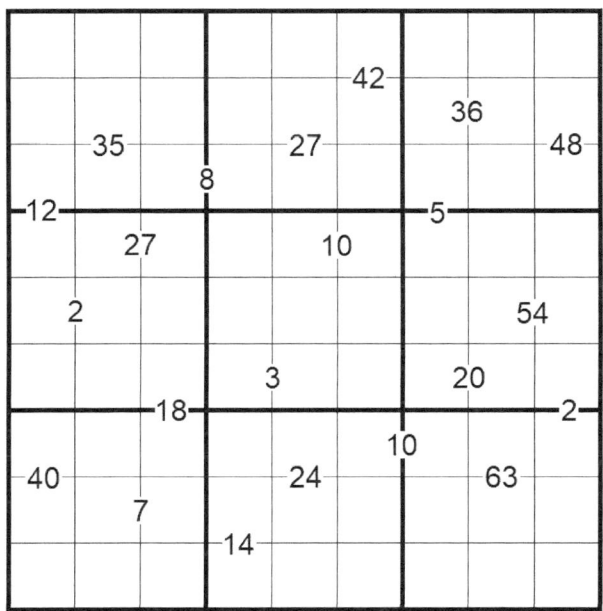

122

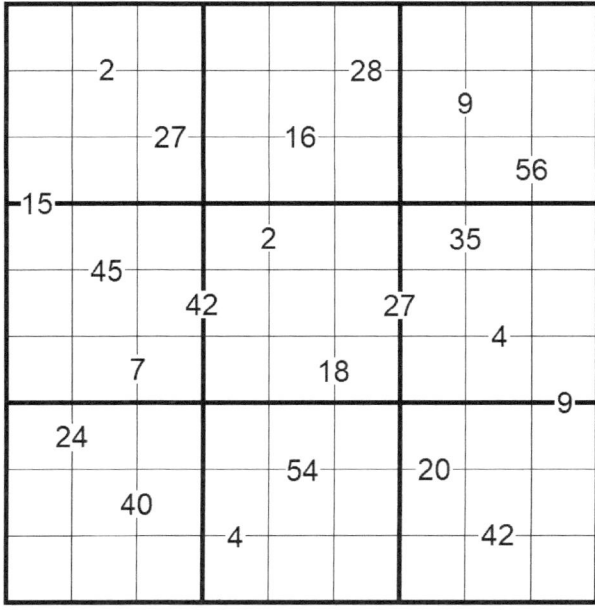

123

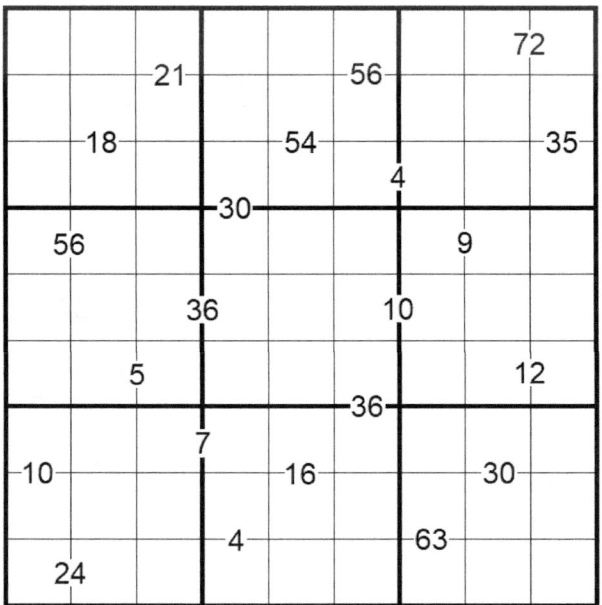

124

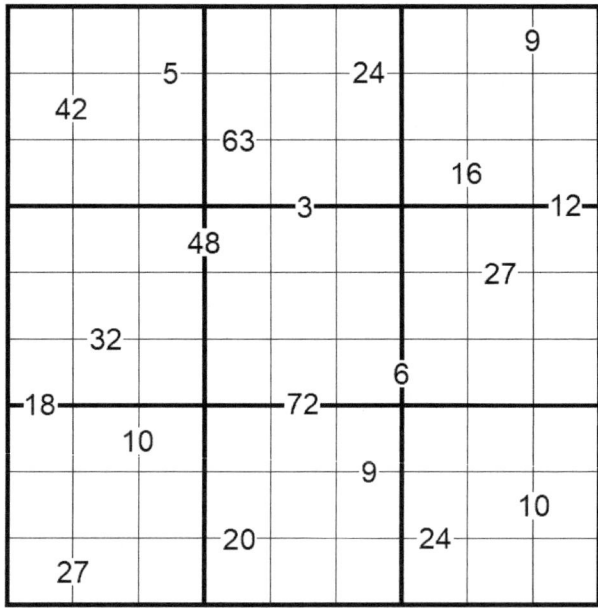

125

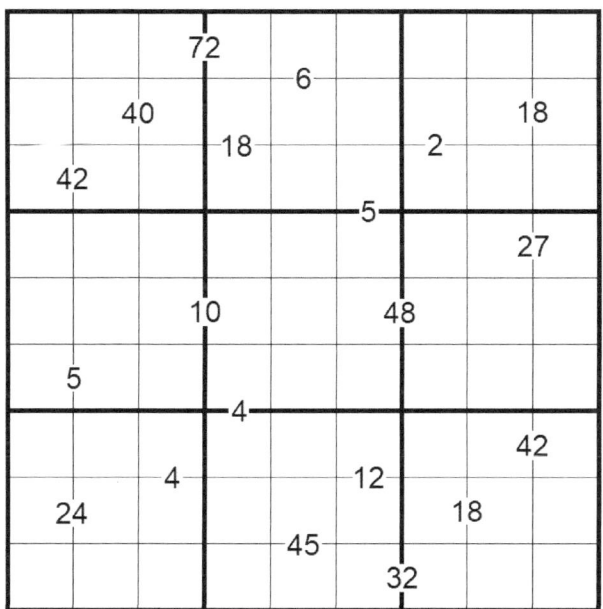

126

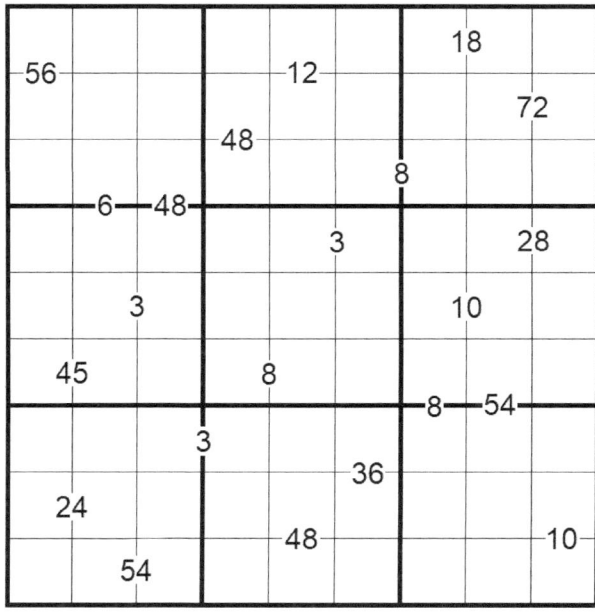

127

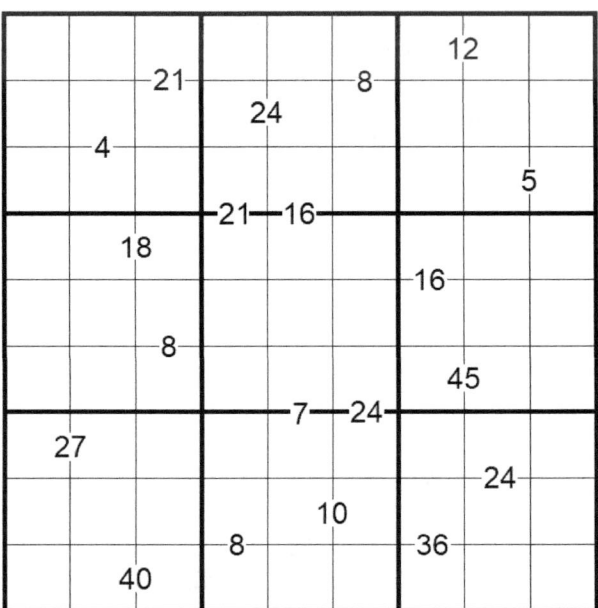

128

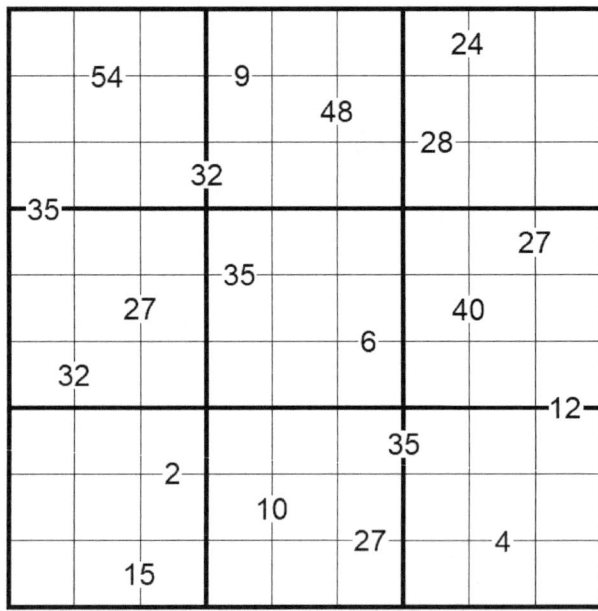

129

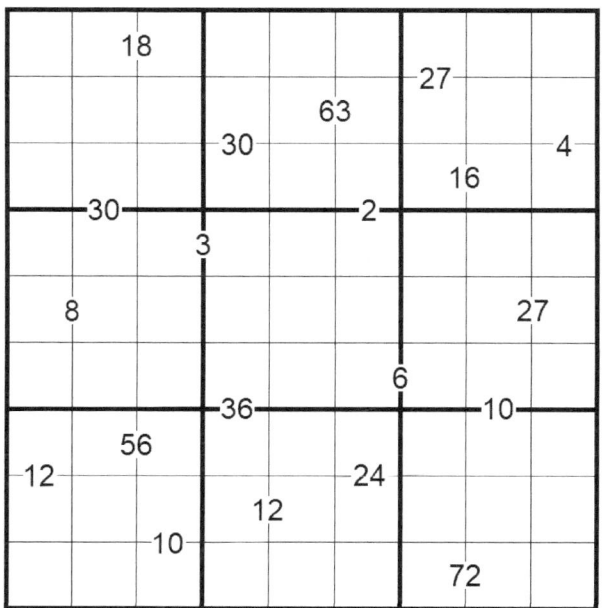

130

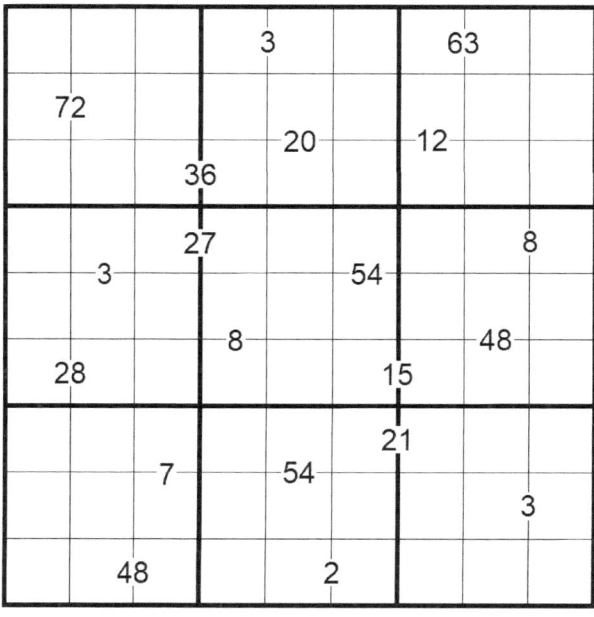

131

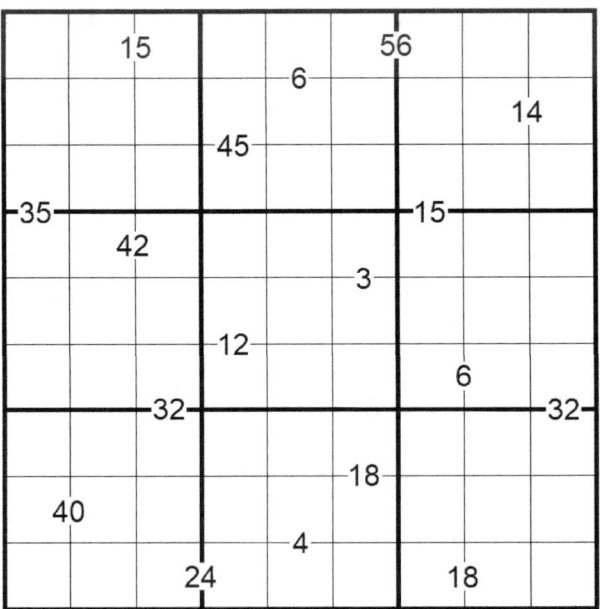

132

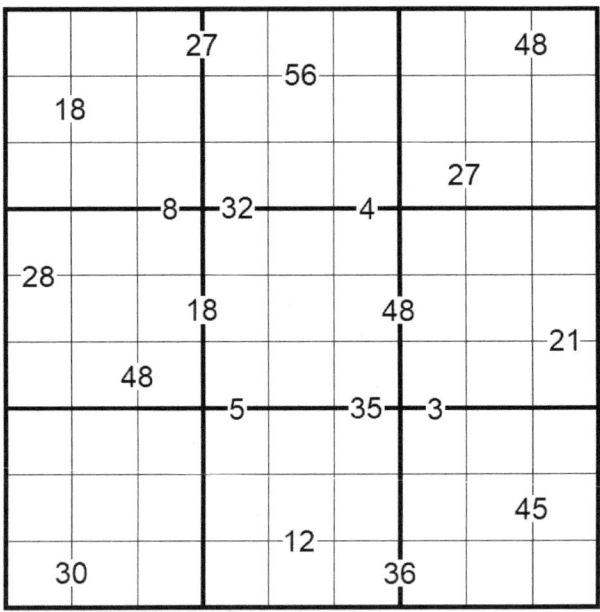

133

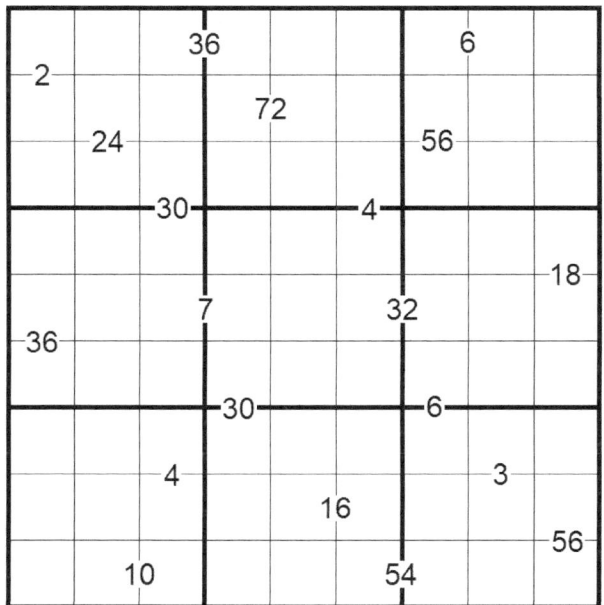

134

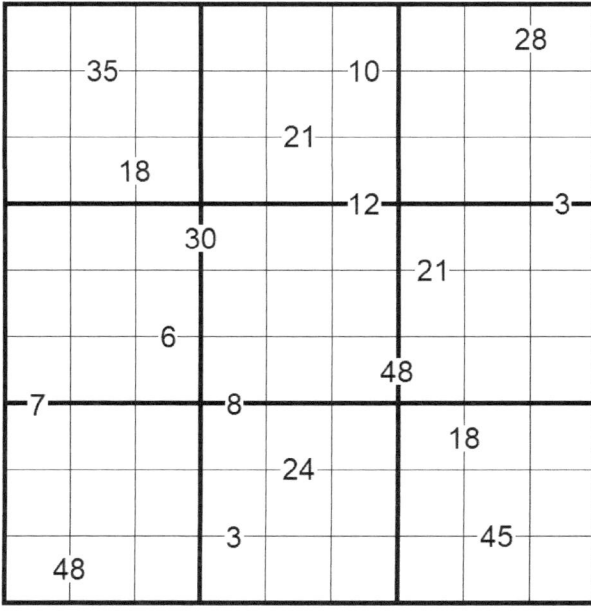

135

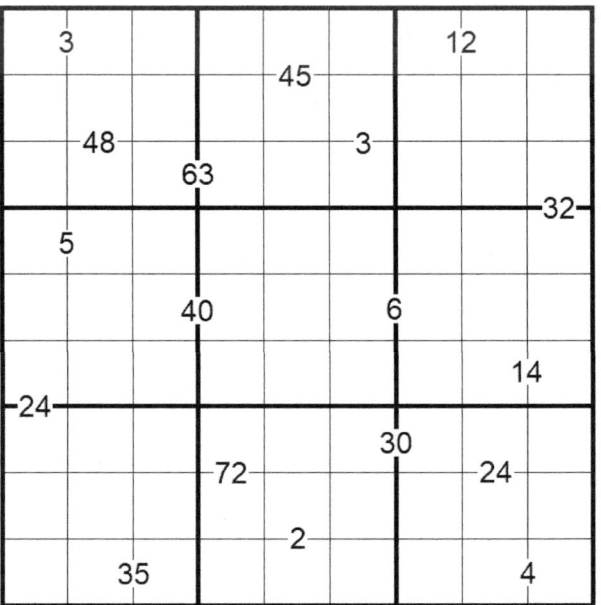

136

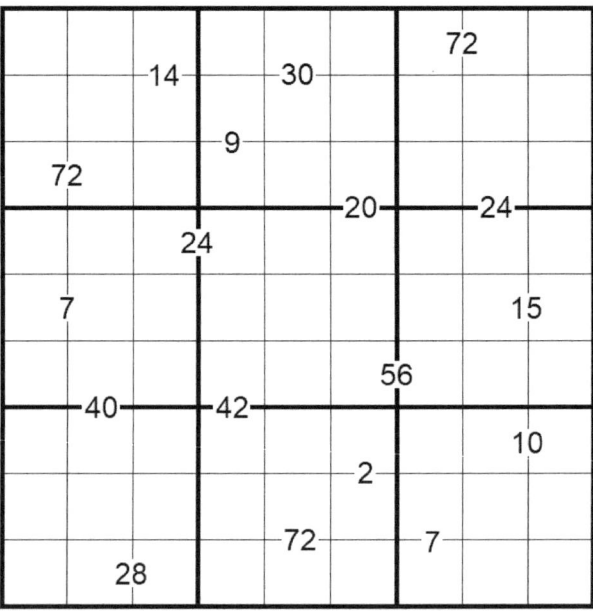

137

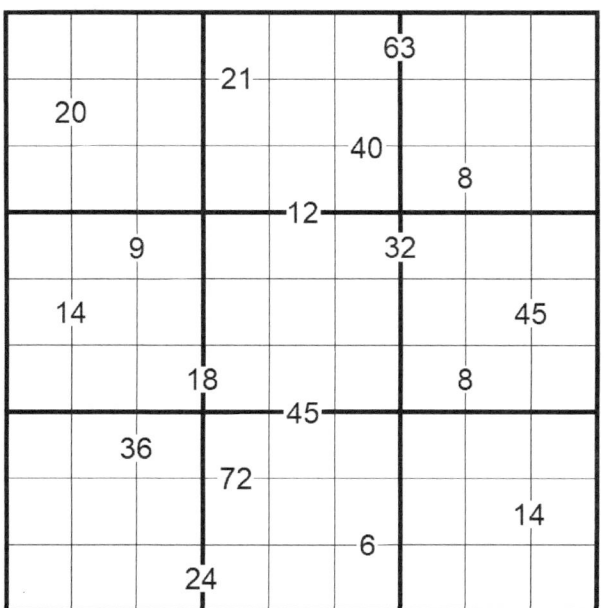

138

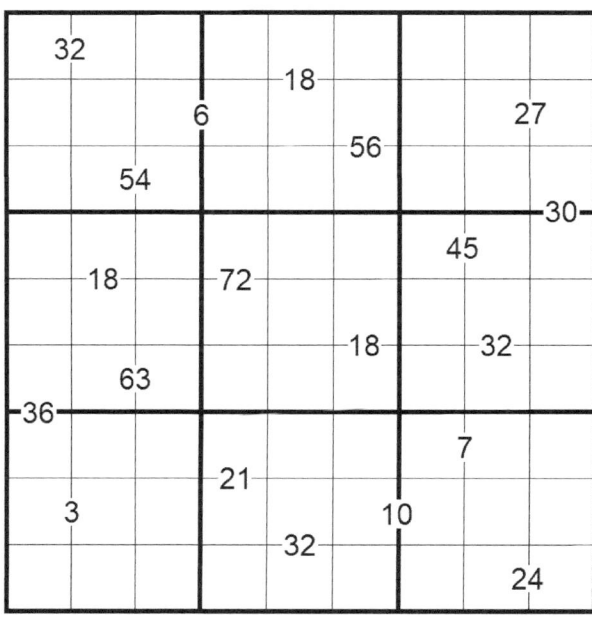

139

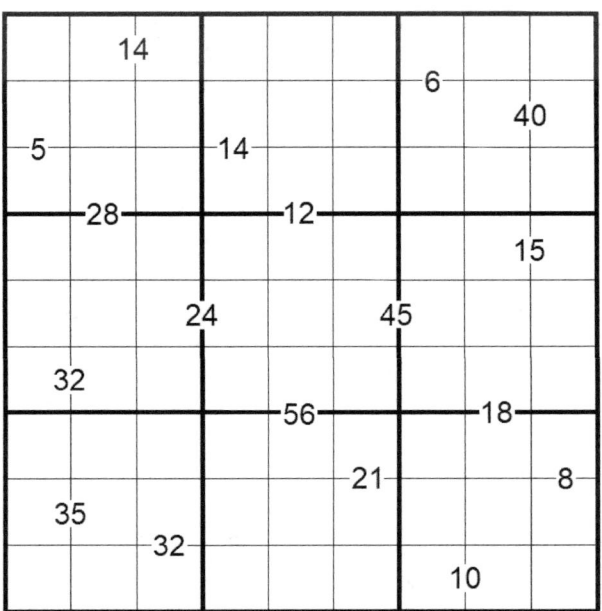

六宫连续数独答案

001 答案

3	5	4	2	1	6
1	6	2	5	3	4
4	3	5	1	6	2
6	2	1	3	4	5
5	1	6	4	2	3
2	4	3	6	5	1

002 答案

6	3	2	5	1	4
4	5	1	2	6	3
3	2	4	6	5	1
5	1	6	3	4	2
1	6	3	4	2	5
2	4	5	1	3	6

003 答案

1	3	4	2	6	5
5	6	2	3	1	4
6	2	5	1	4	3
3	4	1	5	2	6
4	1	3	6	5	2
2	5	6	4	3	1

004 答案

5	3	1	2	4	6
2	6	4	5	1	3
6	4	5	3	2	1
3	1	2	6	5	4
1	2	6	4	3	5
4	5	3	1	6	2

005 答案

5	6	2	1	3	4
1	4	3	2	5	6
3	1	6	4	2	5
2	5	4	3	6	1
6	2	1	5	4	3
4	3	5	6	1	2

006 答案

5	1	3	2	6	4
4	6	2	5	1	3
3	4	6	1	5	2
2	5	1	4	3	6
6	2	5	3	4	1
1	3	4	6	2	5

007 答案

2	1	3	5	4	6
6	4	5	1	2	3
5	2	4	3	6	1
1	3	6	2	5	4
4	5	1	6	3	2
3	6	2	4	1	5

008 答案

5	6	3	4	2	1
1	4	2	6	3	5
3	1	6	2	5	4
2	5	4	3	1	6
4	3	1	5	6	2
6	2	5	1	4	3

009 答案

4	1	5	3	2	6
2	3	6	1	5	4
6	4	2	5	3	1
1	5	3	4	6	2
3	2	1	6	4	5
5	6	4	2	1	3

010 答案

6	3	1	5	4	2
4	2	5	1	3	6
2	6	4	3	1	5
5	1	3	2	6	4
1	4	2	6	5	3
3	5	6	4	2	1

011 答案

6	1	2	4	5	3
4	5	3	1	2	6
3	6	4	5	1	2
1	2	5	3	6	4
2	3	1	6	4	5
5	4	6	2	3	1

012 答案

4	2	5	6	3	1
3	6	1	4	2	5
1	3	4	2	5	6
2	5	6	1	4	3
6	4	3	5	1	2
5	1	2	3	6	4

013 答案

2	5	3	1	6	4
6	4	1	3	2	5
5	1	6	2	4	3
4	3	2	6	5	1
1	2	4	5	3	6
3	6	5	4	1	2

014 答案

1	4	5	3	2	6
6	2	3	1	5	4
3	5	1	4	6	2
2	6	4	5	3	1
5	1	2	6	4	3
4	3	6	2	1	5

015 答案

2	5	6	3	1	4
1	4	3	2	5	6
3	6	2	5	4	1
5	1	4	6	2	3
6	2	1	4	3	5
4	3	5	1	6	2

016 答案

3	4	5	6	2	1
1	2	6	4	3	5
4	1	3	2	5	6
5	6	2	3	1	4
6	3	1	5	4	2
2	5	4	1	6	3

017 答案

2	5	6	4	3	1
4	1	3	5	2	6
1	6	4	2	5	3
5	3	2	6	1	4
6	2	1	3	4	5
3	4	5	1	6	2

018 答案

2	4	3	1	6	5
1	6	5	3	4	2
5	2	4	6	3	1
3	1	6	2	5	4
6	5	2	4	1	3
4	3	1	5	2	6

2	1	6	3	4	5
4	5	3	2	6	1
1	6	2	5	3	4
3	4	5	6	1	2
5	3	1	4	2	6
6	2	4	1	5	3

019 答案

1	5	2	4	6	3
3	6	4	5	2	1
5	1	6	2	3	4
2	4	3	1	5	6
4	3	5	6	1	2
6	2	1	3	4	5

020 答案

[11]6	[7]2	1	[7]5	[8]4	3
5	[7]3	4	2	[9]6	1
[10]3	4	[7]5	[10]6	1	2
1	6	2	4	[8]3	5
[9]4	5	[10]3	1	[12]2	6
[3]2	1	6	[8]3	5	4

021 答案

[12]1	6	[6]2	4	[8]3	5
5	[6]3	[10]4	1	[8]2	6
2	1	5	[5]3	[15]6	4
[9]6	[8]4	3	2	5	[3]1
3	[11]5	1	[10]6	4	2
4	2	[11]6	5	[4]1	3

022 答案

[14]6	3	[7]2	[9]1	5	[12]4
5	4	1	3	6	2
[8]2	6	[8]5	[10]4	[6]1	3
[5]4	[3]1	3	6	2	[11]5
1	2	[10]4	[7]5	[8]3	6
[8]3	5	6	2	4	1

023 答案

[9]4	3	[11]5	6	[3]2	1
2	[11]6	1	[13]5	[7]3	4
[12]5	1	4	2	6	[9]3
6	[5]2	3	[12]4	1	5
[4]1	[10]4	6	3	5	[8]2
3	[7]5	2	[5]1	4	6

024 答案

[5] 4	[11] 6	2	[6] 5	1	[7] 3
1	3	[9] 5	[11] 2	6	4
[13] 6	2	4	3	[6] 5	1
[5] 3	5	[11] 1	[8] 4	[8] 2	6
2	4	6	1	3	[11] 5
[6] 5	1	[9] 3	6	4	2

025 答案

[12] 5	6	[5] 4	1	[9] 3	2
1	[5] 2	3	[11] 5	4	[9] 6
[7] 4	3	[7] 5	6	2	1
[7] 6	1	2	[11] 3	[10] 5	4
[5] 3	[9] 4	6	2	1	[14] 5
2	5	[5] 1	4	6	3

026 答案

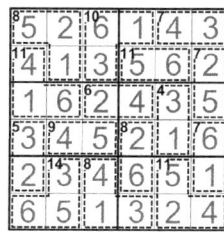

[5] 4	1	[7] 5	2	[9] 3	6
[9] 6	3	[6] 2	[7] 1	[9] 5	4
[7] 2	5	4	6	[6] 1	3
[10] 1	6	[12] 3	5	[10] 4	2
3	[11] 2	[10] 1	4	6	[8] 5
5	4	6	3	2	1

027 答案

[8] 5	2	[10] 6	1	[7] 4	3
[11] 4	1	3	[11] 5	6	[7] 2
1	6	[6] 2	4	[4] 3	5
[5] 3	[9] 4	5	[8] 2	1	[7] 6
2	[14] 3	[8] 4	6	[11] 5	1
6	5	1	3	2	4

028 答案

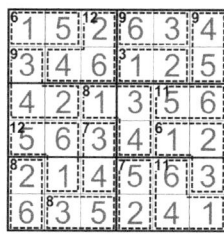

[5] 4	1	[8] 2	6	[8] 5	3
[9] 3	[14] 5	6	[6] 2	4	[7] 1
6	3	[6] 1	5	2	4
[3] 2	[9] 4	5	[7] 3	[12] 1	6
1	[13] 2	[8] 3	4	[11] 6	5
5	6	4	1	3	2

029 答案

[6] 1	5	[12] 2	[9] 6	3	[9] 4
[9] 3	4	6	[3] 1	2	5
4	2	[8] 1	3	[11] 5	6
[12] 5	6	[7] 3	4	[6] 1	2
[8] 2	1	4	[7] 5	[11] 6	3
6	[8] 3	5	2	4	1

030 答案

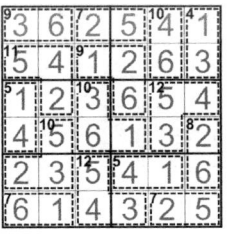

031 答案

032 答案

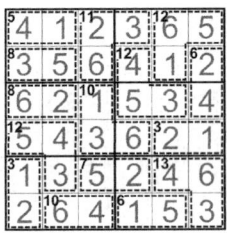

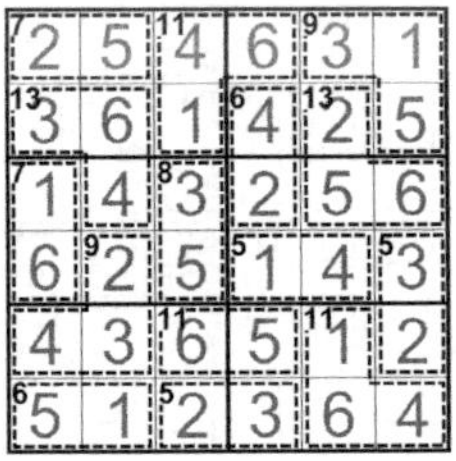

033 答案

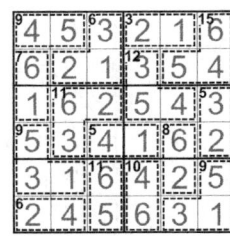

034 答案

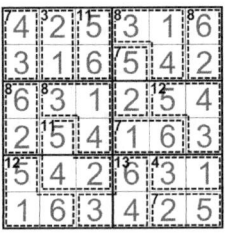

035 答案

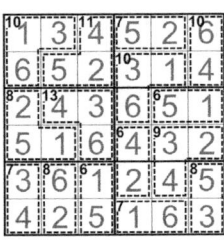

036 答案

3	5	2	1	6	4
6	4	1	2	5	3
1	3	5	6	4	2
2	6	4	5	3	1
5	1	3	4	2	6
4	2	6	3	1	5

037 答案

3	2	4	1	5	6
6	1	5	4	3	2
4	5	2	3	6	1
1	3	6	5	2	4
5	6	1	2	4	3
2	4	3	6	1	5

038 答案

6	4	2	1	5	3
1	5	3	4	2	6
3	6	1	5	4	2
4	2	5	3	6	1
2	1	4	6	3	5
5	3	6	2	1	4

039 答案

4	6	3	1	5	2
2	5	1	3	4	6
3	2	4	6	1	5
5	1	6	2	3	4
1	4	2	5	6	3
6	3	5	4	2	1

040 答案

2	3	4	1	5	6
1	5	6	4	2	3
4	6	3	5	1	2
5	1	2	3	6	4
3	2	1	6	4	5
6	4	5	2	3	1

041 答案

4	1	3	6	2	5
6	2	5	3	4	1
3	5	2	1	6	4
1	6	4	2	5	3
2	4	1	5	3	6
5	3	6	4	1	2

042 答案

1	6	5	2	3	4
2	4	3	5	1	6
6	3	4	1	5	2
5	2	1	6	4	3
4	1	6	3	2	5
3	5	2	4	6	1

042 答案

3	6	5	1	4	2
4	2	1	5	6	3
5	4	3	2	1	6
6	1	2	3	5	4
1	3	6	4	2	5
2	5	4	6	3	1

044 答案

5	3	4	2	1	6
6	2	1	3	5	4
1	4	3	5	6	2
2	6	5	1	4	3
3	1	6	4	2	5
4	5	2	6	3	1

045 答案

4	3	1	6	2	5
5	6	2	4	3	1
1	4	6	2	5	3
3	2	5	1	6	4
2	5	4	3	1	6
6	1	3	5	4	2

046 答案

3	5	6	2	4	1
4	1	2	6	5	3
6	3	5	1	2	4
1	2	4	3	6	5
5	6	3	4	1	2
2	4	1	5	3	6

047 答案

5	1	2	4	6	3
3	4	6	5	2	1
4	5	1	6	3	2
2	6	3	1	5	4
6	2	4	3	1	5
1	3	5	2	4	6

048 答案

```
5 2 1 6 4 3
4 3 6 5 1 2
2 4 5 3 6 1
6 1 3 2 5 4
3 6 4 1 2 5
1 5 2 4 3 6
```
049 答案

```
6 2 1 4 5 3
3 5 4 1 2 6
1 4 3 2 6 5
2 6 5 3 4 1
4 1 6 5 3 2
5 3 2 6 1 4
```
050 答案

```
4 2 5 6 3 1
3 1 6 5 4 2
2 5 3 1 6 4
1 6 4 2 5 3
6 4 2 3 1 5
5 3 1 4 2 6
```
051 答案

```
4 2 6 3 1 5
5 1 3 6 2 4
1 6 4 5 3 2
2 3 5 1 4 6
3 5 2 4 6 1
6 4 1 2 5 3
```
052 答案

```
6 3 5 1 2 4
1 2 4 3 5 6
5 6 2 4 3 1
4 1 3 2 6 5
3 4 6 5 1 2
2 5 1 6 4 3
```
053 答案

```
4 5 3 2 6 1
6 2 1 4 5 3
1 3 2 5 4 6
5 6 4 3 1 2
2 4 6 1 3 5
3 1 5 6 2 4
```
054 答案

101

055 答案

2	6	4	5	1	3
5	3	1	2	6	4
4	2	5	1	3	6
3	1	6	4	2	5
1	5	3	6	4	2
6	4	2	3	5	1

056 答案

1	6	3	2	4	5
4	2	5	3	6	1
3	5	1	4	2	6
2	4	6	5	1	3
6	3	2	1	5	4
5	1	4	6	3	2

057 答案

2	4	6	3	5	1
5	3	1	6	4	2
4	6	2	5	1	3
1	5	3	2	6	4
6	2	4	1	3	5
3	1	5	4	2	6

058 答案

4	3	1	2	5	6
5	6	2	4	1	3
2	1	4	3	6	5
6	5	3	1	2	4
3	2	6	5	4	1
1	4	5	6	3	2

059 答案

2	6	1	3	5	4
5	4	3	1	2	6
1	2	5	4	6	3
6	3	4	5	1	2
3	5	6	2	4	1
4	1	2	6	3	5

060 答案

6	4	1	2	3	5
3	5	2	6	4	1
5	2	6	4	1	3
4	1	3	5	2	6
1	6	4	3	5	2
2	3	5	1	6	4

061 答案

4	2	6	3	7	1	5
3	5	7	6	1	4	2
6	3	4	7	5	2	1
5	1	3	2	4	6	7
1	7	2	5	6	3	4
7	6	1	4	2	5	3
2	4	5	1	3	7	6

062 答案

7	3	5	4	2	6	1
2	6	7	1	5	3	4
6	5	2	3	1	4	7
3	4	1	5	6	7	2
5	1	3	7	4	2	6
4	7	6	2	3	1	5
1	2	4	6	7	5	3

063 答案

1	4	3	2	6	5	7
6	7	5	3	2	1	4
2	6	7	1	5	4	3
3	5	2	6	4	7	1
7	1	4	5	3	6	2
4	3	6	7	1	2	5
5	2	1	4	7	3	6

064 答案

3	4	2	6	5	1	7
2	7	1	5	6	3	4
6	3	5	4	2	7	1
7	6	4	1	3	2	5
1	5	3	7	4	6	2
5	1	6	2	7	4	3
4	2	7	3	1	5	6

065 答案

5	2	1	7	4	3	6
4	7	3	1	6	2	5
1	6	5	3	7	4	2
6	3	2	4	1	5	7
2	4	6	5	3	7	1
3	1	7	2	5	6	4
7	5	4	6	2	1	3

066 答案

3	7	1	4	5	6	2
6	1	3	5	2	4	7
4	2	7	1	3	5	6
7	4	5	2	6	1	3
5	3	4	6	7	2	1
1	6	2	7	4	3	5
2	5	6	3	1	7	4

067 答案

3	7	5	1	2	4	6
6	5	2	7	4	3	1
1	2	4	6	3	7	5
5	4	7	3	1	6	2
2	1	3	4	6	5	7
7	3	6	2	5	1	4
4	6	1	5	7	2	3

068 答案

3	5	4	1	7	2	6
4	2	1	7	6	3	5
6	1	5	4	3	7	2
5	6	7	3	2	4	1
7	3	2	6	1	5	4
1	4	3	2	5	6	7
2	7	6	5	4	1	3

069 答案

5	3	4	2	1	6	7
6	2	7	1	3	5	4
7	5	1	3	2	4	6
1	6	2	5	4	7	3
4	1	3	7	6	2	5
3	7	6	4	5	1	2
2	4	5	6	7	3	1

070 答案

3	5	6	4	7	1	2
2	1	7	6	5	3	4
4	7	1	2	3	5	6
6	4	5	3	2	7	1
1	2	3	5	4	6	7
7	3	4	1	6	2	5
5	6	2	7	1	4	3

071 答案

7	3	4	2	5	1	6
1	2	3	7	6	5	4
6	4	2	5	1	7	3
3	5	7	1	4	6	2
2	7	5	6	3	4	1
4	1	6	3	7	2	5
5	6	1	4	2	3	7

072 答案

3	6	1	4	7	5	2
7	3	6	5	2	1	4
5	2	7	3	4	6	1
2	7	4	1	5	3	6
1	4	3	2	6	7	5
4	1	5	6	3	2	7
6	5	2	7	1	4	3

073 答案

4	6	5	7	1	2	3
1	3	4	2	7	5	6
7	2	3	5	6	4	1
5	7	1	3	2	6	4
2	5	6	4	3	1	7
6	4	7	1	5	3	2
3	1	2	6	4	7	5

074 答案

6	4	3	7	2	5	1
7	1	5	2	4	3	6
4	3	7	5	1	6	2
3	5	2	1	6	4	7
5	2	1	6	3	7	4
1	7	6	4	5	2	3
2	6	4	3	7	1	5

075 答案

6	5	3	4	2	1	7
2	7	4	1	3	6	5
3	6	5	7	1	2	4
7	2	1	5	4	3	6
4	1	6	3	5	7	2
1	4	2	6	7	5	3
5	3	7	2	6	4	1

076 答案

1	6	7	3	4	5	2
7	3	4	5	2	6	1
6	2	5	4	3	1	7
2	5	1	6	7	4	3
5	4	2	7	1	3	6
4	7	3	1	6	2	5
3	1	6	2	5	7	4

077 答案

1	7	3	2	4	5	6
7	3	2	6	5	4	1
5	4	6	1	2	3	7
6	2	4	5	1	7	3
2	6	7	3	1	5	4
4	5	1	3	7	6	2
3	1	5	7	6	2	4

078 答案

2	1	3	5	4	6	7
7	5	4	1	6	2	3
6	4	7	3	2	5	1
5	3	2	6	7	1	4
4	7	6	2	1	3	5
3	6	1	7	5	4	2
1	2	5	4	3	7	6

九宫标准数独答案

3	4	6	2	5	1	7
5	7	4	3	2	6	1
6	1	2	7	4	5	3
1	3	5	6	7	2	4
4	6	3	5	1	7	2
7	2	1	4	6	3	5
2	5	7	1	3	4	6

079 答案

2	6	4	3	1	5	7
7	4	2	5	3	1	6
5	7	3	6	2	4	1
1	3	6	4	7	2	5
3	2	1	7	5	6	4
6	5	7	1	4	3	2
4	1	5	2	6	7	3

080 答案

9	5	8	7	2	6	1	3	4
2	3	1	4	8	5	6	7	9
6	7	4	3	9	1	2	8	5
8	9	5	6	4	7	3	2	1
3	1	7	8	5	2	9	4	6
4	6	2	1	3	9	8	5	7
1	2	6	5	7	8	4	9	3
7	8	3	9	6	4	5	1	2
5	4	9	2	1	3	7	6	8

081 答案

5	9	8	6	4	7	2	1	3
4	3	7	8	2	1	9	5	6
6	1	2	5	9	3	4	7	8
7	8	4	2	1	5	6	3	9
3	6	5	4	8	9	1	2	7
9	2	1	3	7	6	8	4	5
1	7	6	9	5	2	3	8	4
8	5	3	1	6	4	7	9	2
2	4	9	7	3	8	5	6	1

082 答案

3	6	7	2	4	8	9	5	1
9	1	5	7	3	6	4	2	8
8	2	4	5	9	1	7	3	6
6	8	9	4	5	2	3	1	7
2	5	3	1	6	7	8	4	9
4	7	1	3	8	9	5	6	2
7	4	6	8	1	3	2	9	5
5	9	2	6	7	4	1	8	3
1	3	8	9	2	5	6	7	4

083 答案

4	1	6	7	9	2	3	8	5
2	8	3	5	6	4	7	1	9
9	5	7	3	1	8	2	6	4
6	9	5	4	3	7	8	2	1
7	3	8	9	2	1	4	5	6
1	2	4	8	5	6	9	7	3
5	7	2	1	4	3	6	9	8
3	6	1	2	8	9	5	4	7
8	4	9	6	7	5	1	3	2

084 答案

4	5	6	9	2	8	3	1	7
8	2	3	7	5	1	4	9	6
9	1	7	3	4	6	8	5	2
5	6	9	1	7	4	2	8	3
1	3	8	6	9	2	7	4	5
2	7	4	8	3	5	1	6	9
3	4	5	2	1	9	6	7	8
7	8	1	5	6	3	9	2	4
6	9	2	4	8	7	5	3	1

085 答案

2	6	7	4	3	5	8	9	1
4	1	9	7	8	2	3	6	5
8	5	3	6	1	9	7	2	4
6	7	8	3	4	1	2	5	9
9	3	1	2	5	6	4	8	7
5	4	2	9	7	8	1	3	6
3	2	4	5	9	7	6	1	8
1	9	6	8	2	4	5	7	3
7	8	5	1	6	3	9	4	2

086 答案

9	5	1	6	7	2	4	3	8
7	4	6	3	8	5	1	9	2
3	8	2	9	4	1	5	7	6
8	1	7	4	2	6	9	5	3
4	9	5	8	1	3	2	6	7
6	2	3	7	5	9	8	1	4
2	3	9	5	6	4	7	8	1
5	7	4	1	3	8	6	2	9
1	6	8	2	9	7	3	4	5

087 答案

3	1	2	8	4	5	7	9	6
4	8	6	3	9	7	1	5	2
9	7	5	2	6	1	8	4	3
2	9	4	1	7	6	5	3	8
8	6	7	5	2	3	4	1	9
1	5	3	9	8	4	2	6	7
6	2	8	4	5	9	3	7	1
5	3	9	7	1	8	6	2	4
7	4	1	6	3	2	9	8	5

088 答案

5	7	1	6	2	9	3	4	8
9	4	6	3	8	5	1	2	7
8	2	3	4	1	7	6	5	9
7	6	5	1	3	4	9	8	2
1	9	4	2	5	8	7	6	3
3	8	2	7	9	6	4	1	5
2	1	7	5	6	3	8	9	4
4	5	8	9	7	1	2	3	6
6	3	9	8	4	2	5	7	1

089 答案

9	5	8	1	4	2	3	6	7
2	4	6	3	8	7	9	1	5
1	3	7	9	6	5	8	2	4
6	2	9	8	5	1	7	4	3
4	8	5	7	3	6	1	9	2
7	1	3	2	9	4	5	8	6
8	6	1	4	7	3	2	5	9
3	9	4	5	2	8	6	7	1
5	7	2	6	1	9	4	3	8

090 答案

2	9	3	8	1	6	4	7	5
1	6	4	3	7	5	8	9	2
5	7	8	2	9	4	1	6	3
6	1	2	9	3	8	7	5	4
4	5	7	6	2	1	9	3	8
3	8	9	4	5	7	2	1	6
7	3	6	1	4	2	5	8	9
8	2	5	7	6	9	3	4	1
9	4	1	5	8	3	6	2	7

091 答案

3	5	8	2	9	7	6	4	1
1	9	6	4	3	8	2	5	7
2	4	7	1	6	5	8	9	3
9	2	1	3	5	4	7	8	6
6	3	4	8	7	9	1	2	5
7	8	5	6	2	1	4	3	9
8	6	9	5	1	2	3	7	4
4	7	3	9	8	6	5	1	2
5	1	2	7	4	3	9	6	8

092 答案

2	9	4	8	7	3	5	1	6
6	3	5	4	9	1	2	8	7
8	1	7	2	6	5	9	4	3
3	7	8	6	1	9	4	2	5
9	4	1	5	2	7	6	3	8
5	6	2	3	8	4	7	9	1
1	8	6	9	5	2	3	7	4
4	5	9	7	3	8	1	6	2
7	2	3	1	4	6	8	5	9

093 答案

7	5	8	4	2	6	1	9	3
3	6	9	8	1	7	4	5	2
1	4	2	9	5	3	6	8	7
4	7	6	2	9	5	3	1	8
9	2	1	3	8	4	7	6	5
5	8	3	6	7	1	2	4	9
2	3	5	1	6	9	8	7	4
6	9	4	7	3	8	5	2	1
8	1	7	5	4	2	9	3	6

094 答案

6	2	7	4	5	1	9	3	8
8	9	1	2	3	7	6	5	4
3	4	5	9	6	8	1	2	7
7	5	4	6	1	3	2	8	9
2	3	8	7	9	4	5	6	1
1	6	9	8	2	5	7	4	3
9	7	6	3	4	2	8	1	5
4	1	2	5	8	9	3	7	6
5	8	3	1	7	6	4	9	2

095 答案

8	7	9	3	1	6	2	5	4
2	1	6	4	5	8	3	7	9
4	3	5	9	7	2	8	1	6
3	9	4	8	2	5	7	6	1
1	5	2	6	4	7	9	3	8
6	8	7	1	9	3	4	2	5
9	4	3	7	6	1	5	8	2
5	6	8	2	3	9	1	4	7
7	2	1	5	8	4	6	9	3

096 答案

8	5	7	9	1	2	6	4	3
3	9	2	6	4	5	7	8	1
6	1	4	8	7	3	2	5	9
5	4	3	1	9	7	8	6	2
9	2	8	3	6	4	5	1	7
7	6	1	2	5	8	9	3	4
1	7	9	4	8	6	3	2	5
2	8	5	7	3	1	4	9	6
4	3	6	5	2	9	1	7	8

097 答案

3	9	7	2	4	6	8	1	5
5	6	2	8	3	1	4	9	7
1	4	8	9	5	7	3	6	2
7	2	4	3	9	5	6	8	1
8	1	3	6	7	4	5	2	9
9	5	6	1	8	2	7	4	3
4	3	1	5	2	8	9	7	6
2	8	5	7	6	9	1	3	4
6	7	9	4	1	3	2	5	8

098 答案

6	3	8	1	2	4	9	5	7
2	4	9	5	3	7	8	1	6
7	1	5	9	8	6	2	3	4
3	2	6	4	5	1	7	9	8
9	5	1	6	7	8	3	4	2
4	8	7	2	9	3	5	6	1
5	6	2	8	1	9	4	7	3
1	9	3	7	4	2	6	8	5
8	7	4	3	6	5	1	2	9

099 答案

9	2	7	6	5	8	3	4	1
5	4	8	9	1	3	2	6	7
6	3	1	4	7	2	8	9	5
7	1	3	8	2	4	6	5	9
2	5	6	7	9	1	4	3	8
4	8	9	5	3	6	1	7	2
1	9	2	3	6	7	5	8	4
3	7	4	2	8	5	9	1	6
8	6	5	1	4	9	7	2	3

100 答案

7	9	6	5	3	2	8	1	4
2	8	5	4	9	1	3	6	7
1	3	4	6	7	8	2	9	5
5	7	3	1	6	9	4	8	2
8	4	1	2	5	7	6	3	9
9	6	2	8	4	3	7	5	1
6	2	7	3	1	5	9	4	8
4	1	9	7	8	6	5	2	3
3	5	8	9	2	4	1	7	6

101 答案

5	3	7	4	9	2	8	6	1
6	1	4	3	5	8	2	9	7
8	9	2	1	7	6	3	5	4
1	2	6	9	3	5	4	7	8
4	8	5	7	6	1	9	3	2
3	7	9	2	8	4	5	1	6
2	6	8	5	1	3	7	4	9
9	4	3	6	2	7	1	8	5
7	5	1	8	4	9	6	2	3

102 答案

6	8	5	1	2	4	7	9	3
9	2	1	3	8	7	5	6	4
4	3	7	5	9	6	2	8	1
2	1	9	8	6	5	3	4	7
5	7	3	9	4	2	8	1	6
8	6	4	7	1	3	9	2	5
7	4	8	6	5	9	1	3	2
3	9	6	2	7	1	4	5	8
1	5	2	4	3	8	6	7	9

103 答案

8	5	7	9	6	3	1	4	2
6	3	2	4	5	1	8	9	7
4	1	9	7	8	2	5	6	3
5	6	3	1	2	8	9	7	4
9	2	1	5	7	4	3	8	6
7	8	4	3	9	6	2	5	1
2	7	6	8	3	5	4	1	9
3	4	5	6	1	9	7	2	8
1	9	8	2	4	7	6	3	5

104 答案

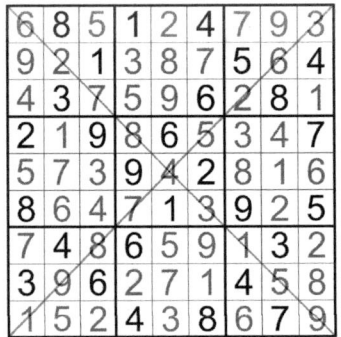

5	9	7	1	8	4	2	6	3
6	3	1	2	7	9	8	4	5
2	8	4	6	5	3	7	9	1
7	2	6	9	3	1	5	8	4
8	1	3	4	2	5	9	7	6
4	5	9	8	6	7	1	3	2
1	7	5	3	4	8	6	2	9
3	6	8	5	9	2	4	1	7
9	4	2	7	1	6	3	5	8

105 答案

5	7	2	1	3	6	9	8	4
8	9	3	7	4	5	6	1	2
6	4	1	2	8	9	7	5	3
1	6	9	4	5	3	2	7	8
7	5	4	8	2	1	3	6	9
3	2	8	6	9	7	1	4	5
4	1	5	3	6	2	8	9	7
2	8	6	9	7	4	5	3	1
9	3	7	5	1	8	4	2	6

106 答案

8	6	1	4	3	9	2	5	7
7	3	2	8	1	5	9	6	4
9	5	4	2	7	6	1	8	3
4	1	7	6	8	2	5	3	9
6	8	9	7	5	3	4	2	1
5	2	3	9	4	1	8	7	6
2	9	8	3	6	4	7	1	5
1	4	6	5	2	7	3	9	8
3	7	5	1	9	8	6	4	2

107 答案

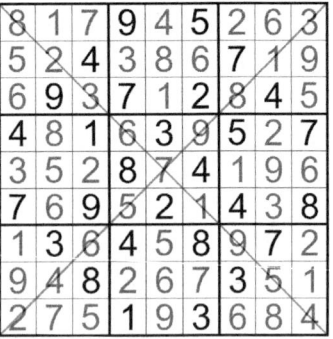

8	1	7	9	4	5	2	6	3
5	2	4	3	8	6	7	1	9
6	9	3	7	1	2	8	4	5
4	8	1	6	3	9	5	2	7
3	5	2	8	7	4	1	9	6
7	6	9	5	2	1	4	3	8
1	3	6	4	5	8	9	7	2
9	4	8	2	6	7	3	5	1
2	7	5	1	9	3	6	8	4

108 答案

6	1	7	2	3	8	9	4	5
8	9	3	1	4	5	2	7	6
2	5	4	6	7	9	3	8	1
9	8	1	3	6	4	5	2	7
7	4	6	5	2	1	8	3	9
3	2	5	9	8	7	6	1	4
5	7	8	4	9	3	1	6	2
4	6	9	8	1	2	7	5	3
1	3	2	7	5	6	4	9	8

109 答案

4	5	7	6	8	9	2	3	1
2	9	3	1	4	5	7	8	6
6	1	8	3	7	2	4	9	5
8	7	1	2	3	6	5	4	9
3	2	9	4	5	8	1	6	7
5	4	6	7	9	1	3	2	8
7	8	2	9	1	3	6	5	4
1	3	5	8	6	4	9	7	2
9	6	4	5	2	7	8	1	3

110 答案

4	7	2	5	3	1	8	9	6
9	3	5	6	8	4	7	1	2
8	6	1	9	7	2	5	3	4
5	1	3	7	6	9	4	2	8
7	4	8	1	2	3	6	5	9
6	2	9	4	5	8	3	7	1
1	5	7	2	4	6	9	8	3
2	8	4	3	9	5	1	6	7
3	9	6	8	1	7	2	4	5

111 答案

5	6	4	9	7	8	2	1	3
7	2	9	3	1	4	5	8	6
8	3	1	6	5	2	4	9	7
1	7	6	4	8	5	9	3	2
3	4	2	1	9	7	8	6	5
9	8	5	2	6	3	7	4	1
2	9	7	8	3	1	6	5	4
4	1	8	5	2	6	3	7	9
6	5	3	7	4	9	1	2	8

112 答案

8	1	5	9	7	6	2	3	4
2	4	7	1	3	5	6	8	9
3	6	9	2	8	4	5	1	7
4	5	8	3	6	9	1	7	2
7	9	1	5	2	8	3	4	6
6	2	3	7	4	1	9	5	8
5	8	6	4	1	2	7	9	3
9	3	2	8	5	7	4	6	1
1	7	4	6	9	3	8	2	5

113 答案

2	9	7	6	3	4	1	5	8
3	8	4	9	1	5	6	2	7
5	6	1	7	8	2	4	9	3
1	3	8	4	2	9	5	7	6
9	7	5	3	6	8	2	4	1
4	2	6	1	5	7	3	8	9
8	4	3	5	7	6	9	1	2
6	5	2	8	9	1	7	3	4
7	1	9	2	4	3	8	6	5

114 答案

3	9	8	1	4	2	5	6	7
2	5	7	9	6	3	8	4	1
4	6	1	7	8	5	3	2	9
8	4	6	2	3	1	7	9	5
1	2	5	4	9	7	6	8	3
7	3	9	6	5	8	2	1	4
9	1	2	3	7	6	4	5	8
6	8	3	5	1	4	9	7	2
5	7	4	8	2	9	1	3	6

115 答案

9	8	2	7	6	1	3	5	4
3	7	5	4	9	2	6	8	1
6	4	1	3	5	8	9	2	7
4	1	3	8	7	5	2	9	6
7	6	8	1	2	9	5	4	3
2	5	9	6	4	3	7	1	8
8	2	7	5	1	6	4	3	9
5	3	4	9	8	7	1	6	2
1	9	6	2	3	4	8	7	5

116 答案

5	8	4	6	9	7	1	3	2
7	3	2	4	1	8	5	6	9
1	9	6	5	3	2	8	7	4
4	7	3	1	8	5	9	2	6
9	2	8	3	7	6	4	1	5
6	1	5	9	2	4	3	8	7
8	5	1	7	6	9	2	4	3
2	4	7	8	5	3	6	9	1
3	6	9	2	4	1	7	5	8

117 答案

7	9	4	3	8	6	5	1	2
2	8	3	1	5	4	7	9	6
1	6	5	7	2	9	3	4	8
5	4	7	2	6	8	1	3	9
8	1	2	9	4	3	6	7	5
9	3	6	5	7	1	8	2	4
4	5	1	6	3	2	9	8	7
3	7	8	4	9	5	2	6	1
6	2	9	8	1	7	4	5	3

118 答案

3	5	4	2	8	9	6	7	1
2	8	6	1	4	7	5	9	3
1	9	7	6	5	3	4	8	2
8	4	1	5	3	2	7	6	9
7	3	5	9	6	4	2	1	8
9	6	2	8	7	1	3	4	5
6	1	3	4	2	8	9	5	7
4	7	9	3	1	5	8	2	6
5	2	8	7	9	6	1	3	4

119 答案

6	1	3	7	4	5	8	2	9
8	5	9	6	2	1	3	4	7
7	2	4	3	8	9	6	5	1
9	7	5	8	6	2	1	3	4
1	3	8	9	7	4	2	6	5
4	6	2	5	1	3	7	9	8
5	4	1	2	3	7	9	8	6
2	8	7	4	9	6	5	1	3
3	9	6	1	5	8	4	7	2

120 答案

2	5	9	3	4	1	6	7	8
4	1	8	6	9	7	2	3	5
3	6	7	5	2	8	4	9	1
8	3	1	9	5	4	7	6	2
6	7	4	8	3	2	5	1	9
5	9	2	7	1	6	8	4	3
7	8	3	2	6	9	1	5	4
9	4	6	1	8	5	3	2	7
1	2	5	4	7	3	9	8	6

121 答案

9	4	8	5	2	6	7	1	3
6	5	2	1	3	7	9	4	8
3	7	1	8	9	4	5	2	6
4	3	9	6	5	2	1	8	7
1	2	5	4	7	8	3	6	9
7	8	6	3	1	9	4	5	2
8	6	3	9	4	5	2	7	1
5	1	7	2	6	3	8	9	4
2	9	4	7	8	1	6	3	5

122 答案

6	1	8	9	5	7	2	3	4
7	2	3	6	8	4	1	9	5
5	4	9	3	2	1	6	8	7
3	9	4	2	1	8	7	5	6
8	5	6	7	4	9	3	1	2
2	7	1	5	3	6	8	4	9
4	6	7	8	9	3	5	2	1
9	8	5	1	6	2	4	7	3
1	3	2	4	7	5	9	6	8

123 答案

1	5	3	2	4	7	6	8	9
4	9	7	3	6	8	2	1	5
6	2	8	5	9	1	4	3	7
7	8	2	6	3	5	1	9	4
3	6	4	9	1	2	5	7	8
9	1	5	8	7	4	3	2	6
5	4	1	7	2	9	8	6	3
2	7	6	4	8	3	9	5	1
8	3	9	1	5	6	7	4	2

124 答案

8	2	5	6	4	3	7	1	9
7	6	1	9	2	8	5	4	3
4	9	3	7	1	5	2	8	6
5	1	6	8	3	7	4	9	2
2	8	9	1	5	4	6	3	7
3	4	7	2	9	6	1	5	8
6	5	2	3	8	1	9	7	4
1	7	8	4	6	9	3	2	5
9	3	4	5	7	2	8	6	1

125 答案

1	2	9	8	6	3	4	5	7
4	8	5	9	1	7	2	6	3
6	7	3	2	4	5	1	9	8
7	4	8	6	2	1	5	3	9
3	9	2	5	7	8	6	4	1
5	1	6	4	3	9	7	8	2
9	5	4	1	8	2	3	7	6
8	3	1	7	5	6	9	2	4
2	6	7	3	9	4	8	1	5

126 答案

8	9	2	7	4	5	6	3	1
7	4	5	6	3	1	2	8	9
1	3	6	8	9	2	4	5	7
6	2	8	5	1	3	9	7	4
4	1	3	9	7	6	5	2	8
9	5	7	4	2	8	1	6	3
2	7	1	3	5	4	8	9	6
3	8	4	2	6	9	7	1	5
5	6	9	1	8	7	3	4	2

127 答案

6	2	7	5	9	1	3	4	8
5	1	3	4	6	8	7	2	9
8	4	9	3	2	7	6	5	1
9	3	6	7	8	5	2	1	4
2	5	1	9	4	3	8	7	6
4	7	8	2	1	6	5	9	3
3	9	2	6	7	4	1	8	5
1	6	4	8	5	2	9	3	7
7	8	5	1	3	9	4	6	2

128 答案

2	6	4	9	7	5	3	8	1
3	9	7	1	6	8	4	2	5
5	1	8	4	3	2	7	6	9
7	2	6	5	8	4	1	9	3
1	3	9	7	2	6	8	5	4
4	8	5	3	9	1	6	7	2
9	4	2	8	1	7	5	3	6
6	7	1	2	5	3	9	4	8
8	5	3	6	4	9	2	1	7

129 答案

1	3	6	8	2	4	9	7	5
8	2	4	5	7	9	3	6	1
7	5	9	6	3	1	2	8	4
5	6	1	3	9	2	7	4	8
2	4	8	1	5	7	6	3	9
9	7	3	4	8	6	1	5	2
4	8	7	9	1	3	5	2	6
3	9	5	2	6	8	4	1	7
6	1	2	7	4	5	8	9	3

130 答案

6	2	5	1	3	8	9	7	4
9	8	3	6	4	7	2	5	1
1	7	4	9	5	2	6	3	8
8	1	9	3	7	6	5	4	2
5	3	2	4	8	9	1	6	7
7	4	6	2	1	5	3	8	9
4	5	1	8	9	3	7	2	6
2	9	7	5	6	4	8	1	3
3	6	8	7	2	1	4	9	5

131 答案

9	3	5	1	2	7	8	4	6
4	1	6	5	3	8	9	2	7
7	8	2	9	6	4	5	3	1
5	6	7	4	9	1	3	8	2
2	4	1	6	8	3	7	5	9
3	9	8	2	7	5	6	1	4
6	2	4	3	5	9	1	7	8
8	5	9	7	1	2	4	6	3
1	7	3	8	4	6	2	9	5

132 答案

1	4	3	9	7	2	5	6	8
9	2	5	6	8	3	7	1	4
6	7	8	4	5	1	9	3	2
7	5	1	8	3	4	6	2	9
4	3	9	2	1	6	8	5	7
2	8	6	5	9	7	1	4	3
8	9	2	1	4	5	3	7	6
3	1	4	7	6	8	2	9	5
5	6	7	3	2	9	4	8	1

133 答案

1	8	9	4	6	7	3	2	5
2	4	3	8	9	5	7	6	1
7	6	5	2	3	1	8	9	4
5	1	6	9	7	4	2	8	3
9	3	7	1	2	8	4	5	6
4	2	8	6	5	3	1	7	9
8	7	1	5	4	9	6	3	2
6	9	4	3	8	2	5	1	7
3	5	2	7	1	6	9	4	8

134 答案

3	5	8	6	1	2	9	7	4
4	7	1	9	3	5	2	8	6
6	2	9	8	7	4	5	1	3
9	8	6	5	2	3	7	4	1
5	4	2	7	8	1	3	6	9
7	1	3	4	9	6	8	2	5
1	9	5	2	4	8	6	3	7
2	3	7	1	6	9	4	5	8
8	6	4	3	5	7	1	9	2

135 答案

3	1	7	4	5	8	2	6	9
5	6	4	2	9	1	8	7	3
2	8	9	7	6	3	1	5	4
1	5	2	6	3	7	4	9	8
7	9	8	5	4	2	3	1	6
6	4	3	1	8	9	5	2	7
4	3	1	9	7	5	6	8	2
9	2	6	8	1	4	7	3	5
8	7	5	3	2	6	9	4	1

136 答案

1	6	7	2	5	3	9	8	4
3	4	2	9	6	8	5	7	1
8	9	5	1	7	4	3	6	2
9	2	8	3	1	5	6	4	7
7	1	6	8	4	9	2	5	3
4	5	3	6	2	7	8	1	9
6	8	9	7	3	1	4	2	5
5	3	1	4	8	2	7	9	6
2	7	4	5	9	6	1	3	8

137 答案

1	6	8	3	4	9	7	2	5
4	5	2	7	1	8	9	6	3
9	3	7	2	6	5	1	8	4
6	9	1	5	2	4	8	3	7
2	7	4	1	8	3	6	5	9
5	8	3	6	9	7	2	4	1
7	4	9	8	5	2	3	1	6
8	1	5	9	3	6	4	7	2
3	2	6	4	7	1	5	9	8

138 答案

8	4	3	5	9	1	6	2	7
7	5	1	6	2	8	4	9	3
2	9	6	4	3	7	8	1	5
1	3	2	8	7	4	9	5	6
5	6	8	9	1	3	7	4	2
4	7	9	2	5	6	3	8	1
9	8	5	3	6	2	1	7	4
3	1	4	7	8	5	2	6	9
6	2	7	1	4	9	5	3	8

139 答案

8	2	7	9	5	1	3	4	6
1	3	9	7	6	4	2	8	5
5	4	6	2	3	8	7	1	9
9	7	1	6	4	2	8	5	3
2	6	3	8	1	5	9	7	4
4	8	5	3	7	9	1	6	2
6	9	2	5	8	7	4	3	1
7	5	4	1	2	3	6	9	8
3	1	8	4	9	6	5	2	7

140 答案

第四章

2017年中小学数独比赛 12岁以下年龄组 真题及答案

第一轮

-------- 九宫标准数独 --------

将数字 1-9 填入空格内,使每行、每列及每宫内数字均不重复。

			9		3	2		8
	7	6			8			
		8		5				9
6		9		3			2	7
				7		2		
7	1			5		8		3
4					5		6	
				4		3	5	
3		5	2		9			

001

	8			3			7	
1		6			9			8
			8		6		3	
	1	8		4		5		
6			3		5			7
		5		1		8	6	
	6		2		3			
2			5			1		6
	4			6			2	

002

	3	7	5				2	
4		2						8
			7	2			4	1
			2		4	1		7
		9				8		
2		3	8		7			
9	7			8	5			
6						7		5
	5				2	4	6	

003

4	3	2						6
					2	3		8
	7			5	3			9
	2	1		7				
		5	3		9	7		
				2		5	6	
9			8	1			4	
8		4	2					
2						8	3	5

004

2		6		5				9
		8			2			
					4		1	8
	7	5		3				
4			5		7			6
				1		7	9	
3	6		2					
			3			8		
5				7		6		2

005

	1		5	4				
2		5		3		7		
	3	9					1	
9			3					
3	4						2	6
					9			4
	5					1	6	
		3		2		5		9
				1	5		3	

006

九宫标准数独

将数字 1–9 填入空格内，使每行、每列及每宫内数字均不重复。

		6		8	9			
9		3				4	6	
				3	6		1	
	6		7				8	1
8			3		1			6
4	7				8		5	
	1		8	9				
	9	2				3		8
			6	2		1		

001

	3		1		4		6	
1		9				8		2
	2			7			1	
2			4		8			6
		1				5		
4			5		2			7
	9			6			4	
6		4				7		9
	1		9		3		5	

002

3					5			2
		2		1		7		
	1			3	7		9	
2		3	8		4			
	4	1				9	2	
			9		1	3		7
	8		3	4			1	
		6		5		4		
5			1					6

003

			7	5	2		4	
2		7	9					
8		5				7	2	
	2				5			9
3	5						8	4
7			8				6	
	8	2				3		7
					4	8		6
	3		5	7	8			

004

5			1					4
			6	5	7	1		
	7		2					
	3					9	7	1
	1						6	
6	2	9					3	
					8		9	
		1	9	7	3			
9					6			5

005

			8	2			5	
5		8				2		
	6		4				9	
				1		3		6
2			5		3			9
3		9		4				
	2				1		8	
		3				6		7
	5			7	8			

006

9		7					6	
			8			1		
		6		1			5	
			1		2			9
5								2
6			9		3			
	2			4		5		
		8			9			
	5					3		7

007

			1	4			9	
8	5						1	
		1			8	3		
		4		7				3
7			3	1	2			9
2				8		6		
		9	5			7		
	2						3	4
	7			2	1			

008

第三轮

七宫不规则数独

将数字 1–7 填入空格内，使每行、每列及每个不规则粗线宫内数字均不重复。

			6	3	1	7
3		6			7	
		7				3
	7				4	
7				2		
	3			7		4
2	5	4	7			

001

		1		7		
7						2
	3		4		1	
1		6		2		3
	7		2		6	
6						4
		4		1		

002

	7	3	1			
2				7		
5						7
	2				6	
7						6
		7				2
			2	5	7	

003

		5	7			
					5	
5					6	3
		2		6		
7	2					1
	5					
			5	7		

004

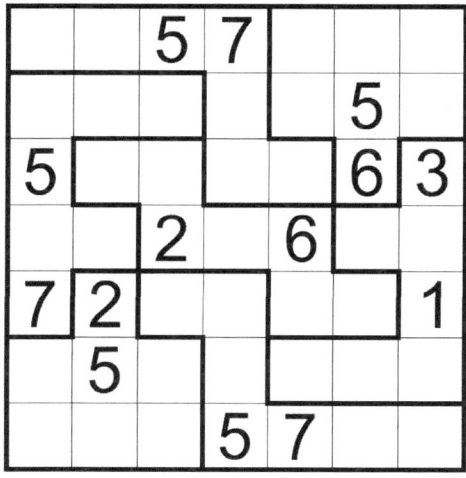

九宫对角线数独

将数字 1-9 填入空格内,使每行、每列、每宫及两个对角线内数字均不重复。

	5	2	3		6			
8	9					4		2
	6		8		4			
		4		2		6		3
				1		7		
6		1		3		7		
			7		1		9	
1		8				3		5
		9	3		2		4	

			4		7		8	
		5				7		4
	4		3				2	
2		3		4				7
			2		6			
5				9		2		3
	3				4		7	
7		8				5		
	5		8		2			

006

	4	2	5		6			
		1				2		6
	3		9				8	
1				3				7
9								2
2				9				3
	1				4		2	
4		5				1		
			1		9	7	4	

007

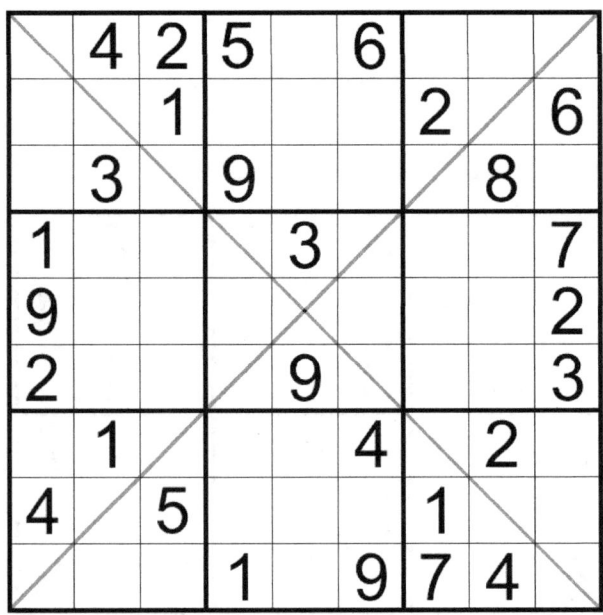

	1	9				6		
				1				9
7			4		3			8
		1				8		
	2						3	
		6				5		
1			3		9			2
6				4				
		4				3	8	

008

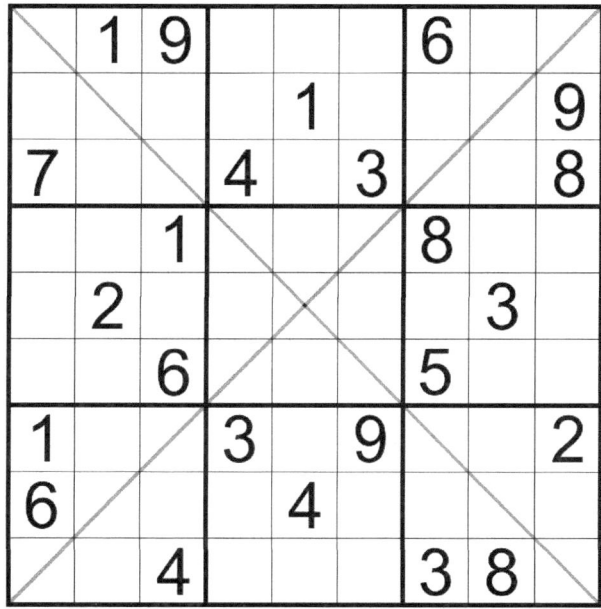

六宫连续数独

将数字 1-6 填入空格内,使每行、每列及每宫内数字均不重复,题目中相邻两格间标有灰色粗线的,这两格内数字之差为 1;相邻两格间没标灰色粗线的,这两格内数字之差不能为 1。

第四轮

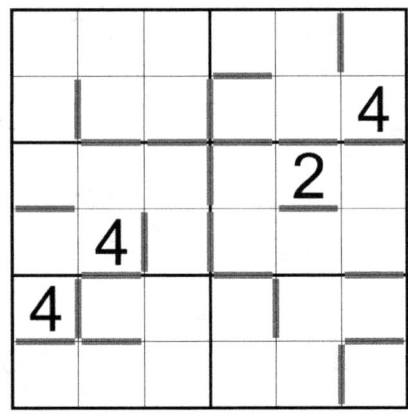

001

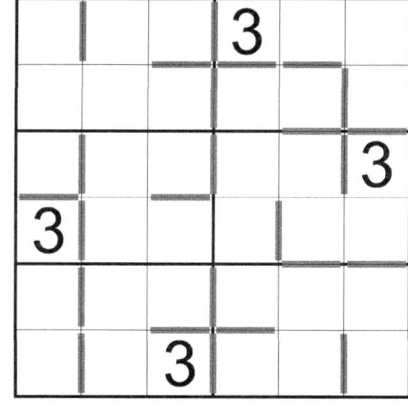

002

003

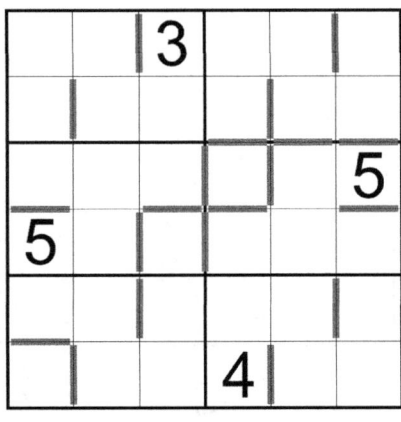

004

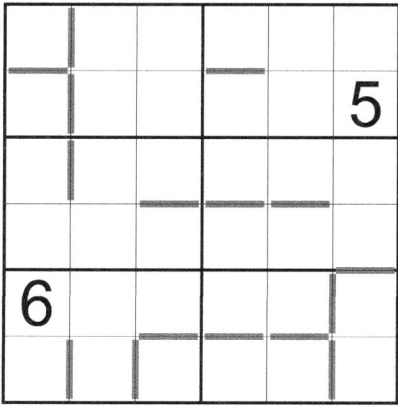

九宫乘积数独

将数字1-9填入空格内,使每行、每列及每宫内数字均不重复,盘面内提示数表示两侧格内数字的乘积。

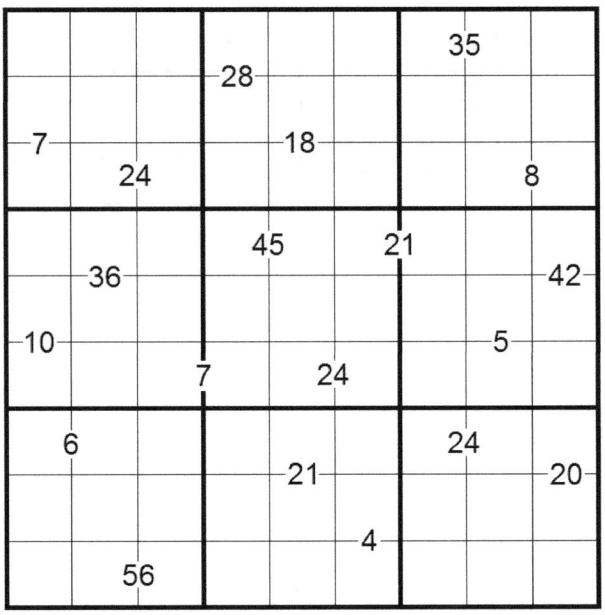

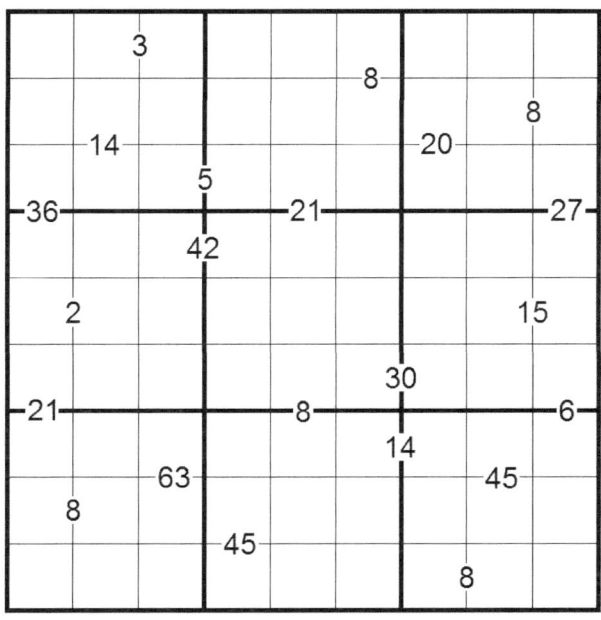

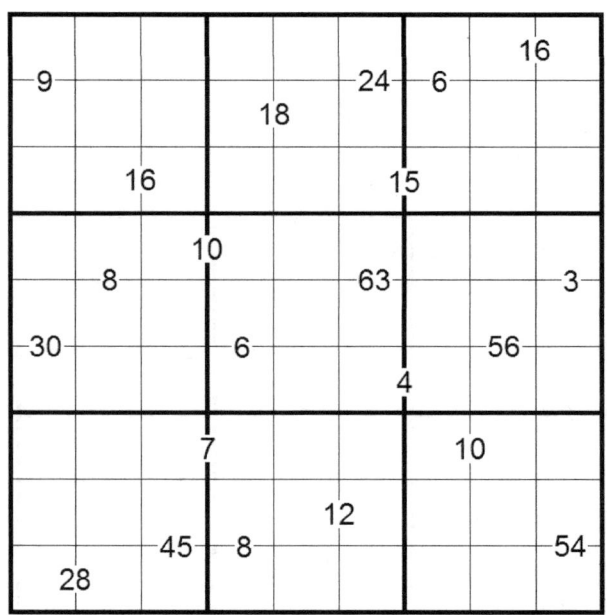

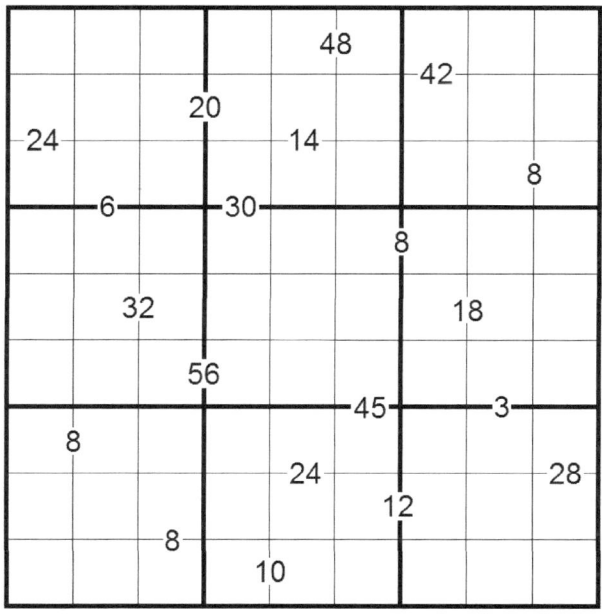

第一轮答案

001 答案

1	5	4	9	6	3	2	7	8
9	7	6	1	2	8	4	3	5
2	8	3	5	4	7	6	1	9
6	4	9	8	3	1	5	2	7
5	3	8	7	9	2	1	4	6
7	1	2	6	5	4	8	9	3
4	2	7	3	8	5	9	6	1
8	9	1	4	7	6	3	5	2
3	6	5	2	1	9	7	8	4

002 答案

9	8	2	4	3	1	6	7	5
1	3	6	7	5	9	2	4	8
7	5	4	8	2	6	9	3	1
3	1	8	6	4	7	5	9	2
6	2	9	3	8	5	4	1	7
4	7	5	9	1	2	8	6	3
8	6	1	2	9	3	7	5	4
2	9	3	5	7	4	1	8	6
5	4	7	1	6	8	3	2	9

003 答案

1	3	7	5	4	8	9	2	6
4	6	2	9	1	3	5	7	8
8	9	5	7	2	6	3	4	1
5	8	6	2	9	4	1	3	7
7	4	9	3	6	1	8	5	2
2	1	3	8	5	7	6	9	4
9	7	4	6	8	5	2	1	3
6	2	1	4	3	9	7	8	5
3	5	8	1	7	2	4	6	9

004 答案

4	3	2	7	9	8	1	5	6
5	9	6	1	4	2	3	7	8
1	7	8	6	5	3	4	2	9
3	2	1	5	7	6	9	8	4
6	4	5	3	8	9	7	1	2
7	8	9	4	2	1	5	6	3
9	6	3	8	1	5	2	4	7
8	5	4	2	3	7	6	9	1
2	1	7	9	6	4	8	3	5

005 答案

2	1	6	8	5	3	4	7	9
7	4	8	1	9	2	5	6	3
9	5	3	7	6	4	2	1	8
8	7	5	6	3	1	9	2	4
4	9	1	5	2	7	3	8	6
6	3	2	4	1	8	7	9	5
3	6	7	2	8	9	1	4	2
1	2	9	3	4	6	8	5	7
5	8	4	9	7	1	6	3	2

006 答案

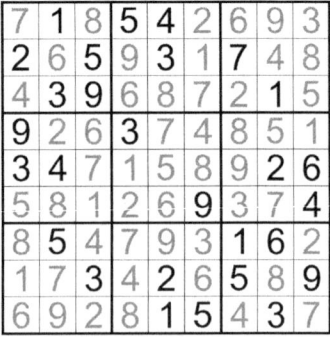

148

1	4	6	2	8	9	5	3	7
9	8	3	1	7	5	4	6	2
2	5	7	4	3	6	8	1	9
3	6	5	7	4	2	9	8	1
8	2	9	3	5	1	7	4	6
4	7	1	9	6	8	2	5	3
7	1	4	8	9	3	6	2	5
6	9	2	5	1	4	3	7	8
5	3	8	6	2	7	1	9	4

001 答案

8	3	7	1	2	4	9	6	5
1	4	9	3	5	6	8	7	2
5	2	6	8	7	9	4	1	3
2	7	5	4	1	8	3	9	6
9	8	1	6	3	7	5	2	4
4	6	3	5	9	2	1	8	7
3	9	8	7	6	5	2	4	1
6	5	4	2	8	1	7	3	9
7	1	2	9	4	3	6	5	8

002 答案

3	7	9	4	8	5	1	6	2
4	5	2	6	1	9	7	8	3
6	1	8	2	3	7	5	9	4
2	9	3	8	7	4	6	5	1
7	4	1	5	6	3	9	2	8
8	6	5	9	2	1	3	4	7
9	8	7	3	4	6	2	1	5
1	2	6	7	5	8	4	3	9
5	3	4	1	9	2	8	7	6

003 答案

1	6	3	7	5	2	9	4	8
2	4	7	9	8	1	6	3	5
8	9	5	4	6	3	7	2	1
6	2	8	3	4	5	1	7	9
3	5	9	6	1	7	2	8	4
7	1	4	8	2	9	5	6	3
4	8	2	1	9	6	3	5	7
5	7	1	2	3	4	8	9	6
9	3	6	5	7	8	4	1	2

004 答案

5	6	2	1	3	9	7	8	4
8	9	4	6	5	7	1	2	3
1	7	3	2	8	4	6	5	9
4	3	5	8	6	2	9	7	1
7	1	8	3	9	5	4	6	2
6	2	9	7	4	1	5	3	8
3	4	6	5	1	8	2	9	7
2	5	1	9	7	3	8	4	6
9	8	7	4	2	6	3	1	5

005 答案

1	9	4	8	2	6	7	5	3
5	3	8	1	9	7	2	6	4
7	6	2	4	3	5	8	9	1
8	4	5	7	1	9	3	2	6
2	7	6	5	8	3	1	4	9
3	1	9	6	4	2	5	7	8
4	2	7	3	6	1	9	8	5
9	8	3	2	5	4	6	1	7
6	5	1	9	7	8	4	3	2

006 答案

9	1	7	4	3	5	2	6	8
2	3	5	8	9	6	1	7	4
4	8	6	2	1	7	9	5	3
8	7	3	1	5	2	6	4	9
5	9	1	7	6	4	8	3	2
6	4	2	9	8	3	7	1	5
7	2	9	3	4	1	5	8	6
3	6	8	5	7	9	4	2	1
1	5	4	6	2	8	3	9	7

007 答案

3	6	2	1	4	7	8	9	5
8	5	7	9	6	3	4	1	2
9	4	1	2	5	8	3	6	7
1	9	4	6	7	5	2	8	3
7	8	6	3	1	2	5	4	9
2	3	5	4	8	9	6	7	1
6	1	9	5	3	4	7	2	8
5	2	8	7	9	6	1	3	4
4	7	3	8	2	1	9	5	6

008 答案

4	2	5	6	3	1	7
3	1	6	5	4	7	2
1	6	7	4	5	2	3
5	7	3	2	6	4	1
7	4	1	3	2	6	5
6	3	2	1	7	5	4
2	5	4	7	1	3	6

001 答案

4	2	1	3	7	5	6
7	6	5	1	3	4	2
2	3	7	4	6	1	5
1	4	6	5	2	7	3
5	7	3	2	4	6	1
6	1	2	7	5	3	4
3	5	4	6	1	2	7

002 答案

6	7	3	1	2	4	5
2	4	6	5	7	1	3
5	3	1	4	6	2	7
1	2	5	7	3	6	4
7	1	2	3	4	5	6
4	5	7	6	1	3	2
3	6	4	2	5	7	1

003 答案

6	3	5	7	1	2	4
2	4	6	1	3	5	7
5	7	1	2	4	6	3
3	1	2	4	6	7	5
7	2	4	6	5	3	1
1	5	7	3	2	4	6
4	6	3	5	7	1	2

004 答案

4	5	7	2	9	3	8	6	1
8	1	9	5	7	6	4	3	2
2	6	3	8	1	4	9	5	7
5	7	4	9	2	8	6	1	3
9	3	2	1	6	7	5	8	4
6	8	1	4	3	5	7	2	9
3	4	5	7	8	1	2	9	6
1	2	8	6	4	9	3	7	5
7	9	6	3	5	2	1	4	8

005 答案

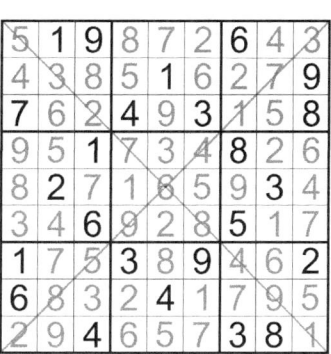

9	1	6	4	2	7	3	8	5
3	2	5	6	8	9	7	1	4
8	4	7	3	1	5	6	2	9
2	6	3	5	4	8	1	9	7
1	7	9	2	3	6	4	5	8
5	8	4	7	9	1	2	6	3
6	3	2	9	5	4	8	7	1
7	9	8	1	6	3	5	4	2
4	5	1	8	7	2	9	3	6

006 答案

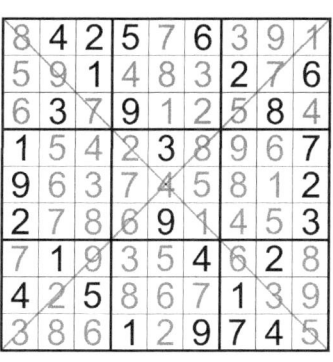

8	4	2	5	7	6	3	9	1
5	9	1	4	8	3	2	7	6
6	3	7	9	1	2	5	8	4
1	5	4	2	3	8	9	6	7
9	6	3	7	4	5	8	1	2
2	7	8	6	9	1	4	5	3
7	1	9	3	5	4	6	2	8
4	2	5	8	6	7	1	3	9
3	8	6	1	2	9	7	4	5

007 答案

5	1	9	8	7	2	6	4	3
4	3	8	5	1	6	2	7	9
7	6	2	4	9	3	1	5	8
9	5	1	7	3	4	8	2	6
8	2	7	1	6	5	9	3	4
3	4	6	9	2	8	5	1	7
1	7	5	3	8	9	4	6	2
6	8	3	2	4	1	7	9	5
2	9	4	6	5	7	3	8	1

008 答案

3	1	4	2	5	6
6	5	2	3	1	4
1	6	3	4	2	5
2	4	5	6	3	1
4	3	1	5	6	2
5	2	6	1	4	3

001 答案

4	5	2	3	6	1
6	3	1	2	5	4
2	1	5	6	4	3
3	4	6	1	2	5
1	2	4	5	3	6
5	6	3	4	1	2

002 答案

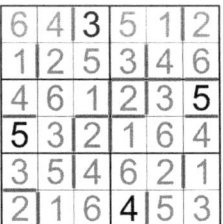

6	4	3	5	1	2
1	2	5	3	4	6
4	6	1	2	3	5
5	3	2	1	6	4
3	5	4	6	2	1
2	1	6	4	5	3

003 答案

4	5	1	3	6	2
3	2	6	4	1	5
5	4	2	6	3	1
1	6	3	5	2	4
6	1	5	2	4	3
2	3	4	1	5	6

004 答案

9	6	2	4	1	8	5	7	3
1	5	4	7	2	3	6	8	9
7	8	3	6	9	5	1	4	2
8	4	1	9	5	7	3	2	6
5	9	6	3	8	2	4	1	7
2	3	7	1	4	6	9	5	8
6	1	5	2	7	9	8	3	4
4	2	9	8	3	1	7	6	5
3	7	8	5	6	4	2	9	1

005 答案

8	3	1	6	5	4	9	7	2
6	7	4	3	9	2	5	1	8
9	2	5	1	7	8	4	6	3
4	5	6	7	3	1	8	2	9
2	1	8	4	6	9	7	3	5
7	9	3	2	8	5	6	4	1
3	4	9	8	1	7	2	5	6
1	8	7	5	2	6	3	9	4
5	6	2	9	4	3	1	8	7

006 答案

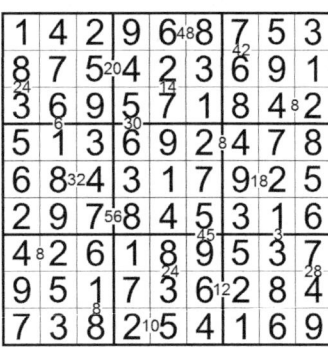

9	5	6	4	7	3	1	2	8
1	7	3	9	2	8	6	4	5
4	2	8	6	1	5	3	9	7
3	8	2	5	4	7	9	6	1
6	1	4	2	8	9	5	7	3
5	9	7	3	6	1	4	8	2
8	3	1	7	9	6	2	5	4
2	6	5	8	3	4	7	1	9
7	4	9	1	5	2	8	3	6

007 答案

1	4	2	9	6	8	7	5	3
8	7	5	4	2	3	6	9	1
3	6	9	5	7	1	8	4	2
5	1	3	6	9	2	4	7	8
6	8	4	3	1	7	9	2	5
2	9	7	8	4	5	3	1	6
4	2	6	1	8	9	5	3	7
9	5	1	7	3	6	2	8	4
7	3	8	2	5	4	1	6	9

008 答案

---------- 精品出版，欢迎选购 ----------

-------------------- 即将出版，敬请期待 --------------------

世界经典趣味数字谜题系列

（数独上）

世界经典趣味数字谜题系列

（数独下）

世界经典趣味数字谜题系列

（XXOO）

世界经典趣味数字谜题系列

（岛）

世界经典趣味数字谜题系列

（战舰）

世界经典趣味数字谜题系列

（数和）

世界经典趣味数字谜题系列

（连数字）

世界经典趣味数字谜题系列

（填方块）

从零开始玩谜题系列

（战舰、珍珠、帐篷）

从零开始玩谜题系列

（数壹、蛇、仙人指路）

从零开始玩谜题系列

（肯肯、美术馆、星战）

从零开始玩谜题系列

（数墙、数方、四回）

从零开始玩谜题系列

（数回、简单ABC、Tapa）

趣味数独——350——

（上）

趣味数独——350——

（下）